머신러닝
인과 분석

: 파이썬을 활용한 분석 실무

김양석 · 노미진 · 한무명초

박영사

차례

머신러닝 인과 분석

: 파이썬을 활용한 분석 실무

김양석 · 노미진 · 한무명초

박영사

머리말

세상의 모든 일이 원인이 있고 결과가 있다. 즉, 원인 없이 생겨난 것은 없다. 우리가 원인을 안다면 결과에 영향을 미칠 수 있다. 이런 인과(causality)에 대한 생각 때문에 인과 관계(causal relationship)에 대한 탐구는 유사 이래로 종교, 철학, 과학의 중요한 주제였다. 인과 관계에 대한 탐구를 담론의 수준에서 과학적인 분석의 수분으로 변환하는 노력이 인과 분석(causal analysis)이다.

인과 분석에 대한 기법 연구는 매우 오랜 역사를 가지고 있다. 최근 머신러닝 기법이 급격히 발전하며 이를 인과 분석에 도입하고자 하는 노력이 증가하고 있다. 그러나, 머신러닝을 도입한 인과 분석은 아직 엄밀한 체계가 갖추어지지 않았다.

이 책의 목적은 머신러닝을 활용한 인과 분석 접근 방법에 대한 간략한 소개를 하는 것이다. 이 책에서 다룬 내용들은 깊은 이론적 논의를 배제하고 실무적 관점에서 어떻게 사용할 수 있을지에 대해 중점을 두었다. 사실 각 장의 내용이 하나의 과목이 될 수 있을 정도로 방대한 내용들이 있어 이 책에서 학습한 것만으로는 부족할 것이다. 따라서 이 책에서 제안된 방법을 통해 연구를 수행하려는 경우에는 관련 분야별로 좀 더 학습이 필요하다.

이 책의 내용은 지난 2년여간 대학원에서 강의와 스터디를 통해 논의되었던 내용을 기반으로 하고 있다. 이 책을 출간하며 그간 대학원에서 같이 공부했던 많은 학생들에게 감사하고 싶다. 아무쪼록 독자들이 이 책을 통해 머신러닝 인과 분석에 대한 관심이 어느 정도 충족되었으면 하는 바람이다.

김양석, 노미진, 한무명초

차례

Chapter 02

선형 회귀 모델링

Chapter 05

인과 발견 분석

Chapter 06

인과 영향 분석

Chapter 07

반대사실 분석

Chapter 00

서장

서장

● 저술 목적

본서는 인과 관계(causal relationship)를 분석하는데 필요한 다양한 기법을 소개하는 것을 목적으로 한다. 인과는 '사건 X가 사건 Y의 원인이다' 또는 '사건 X가 Z라는 사건을 통해 사건 Y를 가져왔다'라고 표현될 수 있다. 일반인을 포함하여 비즈니스를 하는 사람, 정책을 만들고 실행하는 사람, 전문적인 과학을 하는 사람까지 인과 관계에 대한 많은 관심이 있다. 원인과 결과의 관계를 알면 우리는 원인에 일정한 조치(treatment) 또는 개입(intervention)을 통해 결과(outcome)에 영향을 미칠 수 있고, 원하는 결과를 얻을 수 있다. 따라서 인과 관계를 규명하고 이를 좀 더 객관적으로 판단하기 위한 학문적 방법의 발전은 자연적이다.

인과 관계에 대한 정의는 가설(hypothesis)로 표현된다. 물론 가설을 만드는 과정 조차도 자동화하려는 노력은 있지만 가설을 만드는 것은 논란의 여지가 없이 사람만이 할 수 있는 고유한 일이다. 가설이 생성되면 가설이 맞는지 확인해야한다. 가설이 맞는지 확인하는 과학적인 방법은 지난 수 세기의 과학적 연구기법의 발전으로 잘 정립되어 있다. 전통적인 가설 검증은 잘 통제된 무작위 실험(randomized experiment)을 통해 데이터를 수집하고 분석하여 관계가 실제로 존재하는지 검증하여 이루어진다. 이런 통제된 무작위 실험은 다른 외적인 요소를 잘 통제했기 때문에 원인이 결과에 미치는 영향을 정확히 볼 수 있다. 이런 방법을 통한 가설 검증은 같은 조건의 반복 실험을 하면 동일한 결과를 얻을 수 있다.

세상 일이 모두 이렇게 할 수 있다면 과학은 쉬운 것일 수 있다. 그렇지만 세상의 모든 일이 그렇지는 않다는 것을 우리는 잘 안다. 어떤 경우에 무작위 실험을 하는 것이 불가능한 경우가 있다. 예를 들어, 흡연이 심장병을 유발한다고 해서 실험 참여자들에게 한 그룹에게는 흡연을, 다른 그룹에게는 금연을 권고할 수는 없는 것이다.

무작위 실험을 할 수 없는 경우에도 관찰된 데이터(observational data)는 존재할 수 있다. 위의 예를 연결하면, 우리는 흡연자와 비흡연자를 구분 및 통제하여 실험을 할 수는 없다. 그렇지만 심장병 환자(또는 비환자)가 흡연을 했는지 안했는지에 대한 데이터를 가질 수 있다. 그렇다면 인과 관계를 관찰 데이터만을 통해 증명할 수 있을까? 이것이 인과 분석의 핵심적인 문제 영역이다. 이것이 또한 이 책에서 중점적으로 다루고자 하는 문제다.

인과 관계 분석을 위한 전통적인 방법에는 가설 검증, 회귀 모델링, 구조방정식 모델링 등이 있다. 가설 검정(hypothesis test)은 귀무가설과 이에 대응하는 대립 가설을 정의한 후 통계적 기법을 적용하여 귀무가설의 기각 여부를 통해 가설이 맞는지 판단할 수 있도록 하는 기법이다. 일반적으로 가설 검정에서 인과 관계는 선언적 진술(declarative statement)로 표현되며, 인과 관계의 직접적인 표현으로 보기는 어렵다.

회귀 모델링(regression modeling)은 원인이 되는 변수(독립변수)와 결과가 되는 변수(종속변수)를 명시적으로 정의하고 이들이 통계적으로 유의미한 관계가 있는지를 검증한다는 의미에서 가설 검정보다 좀 더 인과 분석이라고 불릴 수 있는 요건을 갖추었다. 더 나아가 회귀 분석은 독립변수가 종속변수에 미치는 영향을 정량화할 수 있고, 다수의 독립변수가 종속변수에 미치는 영향을 모델링할 수 있다는 점에 장점이 있다. 그러나 회귀 분석에서 인과 관계는 평면적이며, 요인 간의 구조적 관계를 고려하지 않고 있다. 즉, 회귀 분석은 '사건 X가 사건 Y의 원인이다'하는 질문에 답을 줄 수는 있지만, '사건 X가 Z라는 사건을 통해 사건 Y를 가져왔다'는 인과 관계에 대한 답을 줄 수는 없다.

최신의 인과 분석은 이런 기존의 방법에 대한 한계를 극복하기 위해 제안되었다. 이런 방법론들의 특징은 다음의 몇 가지로 요약할 수 있다.

첫째, 최신 인과 분석 방법론은 인과 관계 표현을 유연하게 표현한다. 최신 인과 분석 방법론은 구조적 인과 관계를 기반으로 인과 관계를 파악한다. 일반적으로 인과 관계는 인과 그래프(causal graph)를 사용하여 표기되어 다양한 인과 관계를 보다 유연하게 표현하는 것을 지원한다.

둘째, 최신 인과 분석을 위한 방법론은 머신러닝 및 딥러닝 등 최신 인공지능 기법들을 적극적으로 수용하여, 인과 분석에 사용한다. 변수 간 모델링을 위해 인공지능 분야에서 개발된 모델링 기법을 수용한다. 인공지능 기법은 예측 성과를 최적화하는 방향으로 개발되어 왔는데, 최적의 예측 성과를 얻을 수 있는 방법이 인과 분석에 사용됨으로서 예측과 인과 분석이라는 두 목적을 함께 달성할 수 있는 방법을 찾고 있다.

마지막으로 최신 인과 분석은 인과 분석의 범위를 넓히고 있다. 전통적인 인과 분석이 인과 관계가 존재한다는 사실에 초점을 두고 있다면, 최신의 인과 분석은 인과 관계에 기반한 영향 또는 개입에 의한 결과의 변화에 초점을 둔다. 더 나아가 인과 분석은 데이터에 기반한 인과 관계의 유추(causal discovery)나 대안의 탐색(counterfactual exploration) 등을 시도하고 있다.

이런 인과 분석의 현황에 기반을 두고 이 책의 전통적 인과 분석 방법과 이들의 한계를 극복하기 위해 제안된 다양한 인과 분석 방법을 소개하고 파이썬 프로그램을 활용한 실제적인 인과 분석 수행 방법을 소개하고자 한다.

이 책에서 다루는 주요 내용은 다음과 같다.

첫 번째 부분은 전통적인 통계 기법을 활용한 인과 분석에 대해 다루고자 한다. 전통적인 통계 인과 분석은 데이터 분포에 기반한 가설 검증과 회귀에 기반을 두고 있다. 본서에서는 통계적 분석을 위해 파이썬의 Statsmodels 패키지를 중점적으로 사용하여 분석하는 방법을 학습하고자 한다. 장별 주요 내용은 아래와 같다.

- 제1장 가설 검정: 선언적 문장으로 표현된 가설이 맞는지 여부를 확인하기 위해 사용하는 통계적인 가설 검정 기법에 대해 학습한다.
- 제2장 선형 회귀 모델링: 독립변수와 종속변수 간의 인과 관계를 추정하는 회귀 모델링 방법과 모델 해석에 중점을 두어 학습한다. 회귀 모델링은 엄밀한

가정을 기반으로 수행하는 데 분석 데이터가 이를 충족되는지를 검증하고 결과를 활용하는 방법을 학습한다.

- 제3장 이산 종속변수 회귀 모델: 회귀 모델의 종속변수는 일반적으로 연속형의 수치 값을 사용한다. 그러나 종속변수가 이산 값인 경우도 있다. 이 장의 목적은 이산 종속변수를 갖는 데이터의 회귀 모델링 기법에 대해서 학습한다.

두 번째 부분은 최근 주목을 받는 최신 인과 분석 방법에 대한 학습에 중점을 둔다. 각 장별 주요 학습 내용은 다음과 같다.

- 제4장 인과 추론 분석: 인과 추론 분석은 구조적 인과 관계를 생성한 후 머신러닝 학습 알고리즘을 통해 인과 관계를 검증한다. 본 장에서는 마이크로소프트에서 개발한 파이썬 기반의 DoWhy 패키지를 사용한다.

- 제5장 인과 관계 발견 분석: 인과 관계 발견 분석은 데이터에서 인과 관계를 추론하는 것을 목표로 한다. 즉, 데이터셋이 주어지면 이를 설명하는 인과 모델을 도출한다. 본 장에서는 LiNGAM 패키지를 사용하여 인과 관계 발견을 학습한다.

- 제6장 인과 영향 분석: 인과 영향 분석은 시계열 데이터를 기반으로 개입 후 어떤 영향을 미치는지를 분석하는 인과 분석 방법이다. 본서에서는 마이크로소프트 연구진이 개발한 Causal Impact 패키지를 활용한다. 본서에서는 윌리안 푸크스(Willian Fuks)가 파이썬으로 개발한 패키지를 사용하여 학습한다.

- 제7장 반대사실 분석: 반대사실 분석은 인과 관계를 기반으로 어떤 속성이 변경되면 반대가 되는 결론이 도출될지에 대한 방법을 제시하는 인과 분석 방법이다. 마이크로소프트의 연구진이 제안한 DiCE 알고리즘을 활용하여 카운터 팩츄얼 인과 분석에 대해 학습한다.

본서에서 제시하는 인과 분석의 방법들은 인과 분석에서 논의되고 있는 많은 방법 중 일부에 불과하다. 그렇지만 저자들은 이 책이 인과 분석을 이해하고 더 깊은 연구를 위해 나아갈 수 있는 기초를 제공하는 데 도움이 되기를 바란다.

◗ 운영시스템

본서는 Windows 10 환경에서 코드를 작성하고 실행 결과를 검토하였다.

◗ 개발 환경

아나콘다

본서의 코드는 파이썬(ver 3.9)을 사용하여 작성되었다. 데이터 과학 지원 패키지인 아나콘다를 설치하여 사용하였다. 아나콘다의 최신 버전은 아래의 웹사이트에서 얻을 수 있다.

https://www.anaconda.com/

아나콘다 설치에 대해서는 많은 자료가 있다. 따라서 설치에 대해서는 따로 여기서 설명하지 않을 것이다. 설치를 위한 공식 문서는 아래 사이트를 참조하면 된다.

https://docs.anaconda.com/anaconda/install/

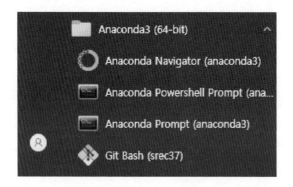

가상환경

본서의 코드 연습을 위해 콘다 가상환경(conda virtual environment)을 설정할 것을 권장한다. 가상환경은 말 그대로 가상의 개발 환경을 만들어 주는 것이다. Anaconda를 설치하였으면, 터미널에서 conda라는 명령어를 통해 가상환경을 만들고, 패키지 관리를 할 수 있다. 가상환경을 사용하는 가장 중요한 이유는 파이썬 버전 관리와 패키지 충돌을 방지하기 위한 것이다.

윈도우 메뉴에서 Anaconda 밑에 있는 Anaconda Prompt(Anaconda3)를 실행하자. 커맨드라인 프롬프트에서 아래와 같이 기본 명령을 수행해 보자.

conda create -n causal_model_env

Anaconda를 관리하기 위한 기본 명령어에는 다음과 같은 것들이 있다.

표 **Conda 명령어**

명령어	의미
conda list	설치된 패키지 목록 보기
conda install pandas	단일 패키지 설치
conda install pandas numpy tensorflow	2개 이상의 패키지 설치 – pandas, numpy, tensorflow와 같이 2개 이상의 패키지를 설치할 때는 옆 명령어과 같이 입력해 주면 된다.
conda update pandas	단일 패키지 업데이트
conda upgrade --all	설치된 패키지 모두 업데이트
conda remove pandas	패키지 제거
conda search '*pandas*'	설치된 패키지 검색 – 검색하고자 하는 키워드 양옆에 *를 씌워주고 ' '로 묶어서 검색해 주면 된다.
conda create -n causal_model_env	가상환경 생성 – 가상환경을 만드는 방법 또한 매우 간단하다. 이 책에서 사용할 가상환경 이름은 causal_model_env로 하여 생성해 보자.

conda create -n causal_model_env pandas tensorflow	가상환경 생성 및 패키지 설치 – 가상환경을 만들면서 추가로 패키지도 install하고 싶다면 뒤에 패키지를 붙여주면 된다. 파이썬 버전도 명시해서 설치해 줄 수 있다. 명시를 하지 않는다면, 가장 최신 버전의 파이썬이 설치된다.
activate causal_model_env	가상환경 시작/종료 – 가상환경을 만들기만 해서는 바로 동작하지 않는다. 가상환경으로 진입해야 하는데, 운영 시스템이 Window인 경우 명령어이다.

Visual Studio Code 설치 및 시작

본서의 코드는 Visual Studio Code를 사용하여 작성하였고 테스트하였다. Visual Studio Code는 아래의 웹사이트에서 다운로드할 수 있다.

https://visualstudio.microsoft.com/free-developer-offers/

Visual Studio Code 설치 후에 파이썬 프로그램을 사용할 수 있도록 확장팩(extension)을 설치해야 한다. 다음의 단계를 따라 설치해 보자.

1. 아직 설치하지 않은 경우 VS Code를 설치한다.

2. VS Code를 실행하고 왼쪽 메뉴바에서 파이썬 확장팩 아이콘( )을 클릭한다.

3. 검색 창에서 파이썬 확장팩을 검색한다.

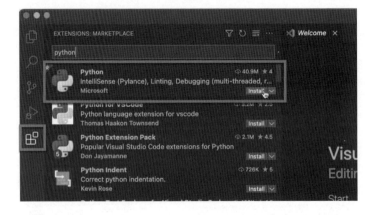

4. Microsoft사에서 만든 파이썬 확장기능을 Install(설치)버튼을 선택하여 설치한다. 추가로 Pylance 확장기능도 설치한다.

이제 파이썬을 활용할 수 있게 준비가 되었다.

파이썬 패키지 설치

본서는 아래의 파이썬 패키지를 사용하였다.

표	설치 패키지 리스트

패키지	사용 사례
Pandas	데이터 관리 패키지
NumPy	수학적인 계산 패키지
Matplotlib	데이터 시각화 패키지
Seaborn	데이터 시각화 패키지
Scikit-learn	머신러닝 패키지
Tensorflow	딥러닝 지원 패키지
Statsmodels	통계적 데이터 분석 패키지
DiCE	반사실적 인과 분석 패키지
pycausalimpact	인과 영향 분석 패키지
DoWhy	인과 추론 분석 패키지
LiNGAM	인과 관계 발견 패키지

Pandas

Pandas는 데이터셋으로 작업하는 데 사용하는 파이썬 라이브러리로 데이터를 분석, 정리, 탐색 및 조작하는 기능을 가지고 있다. Pandas라는 이름은 Panel Data와 Python Data Analysis를 모두 지칭하며, 2008년 웨스 맥키니(Wes McKinney)가 만들었다. Pandas는 아래와 다음과 pip를 사용하여 설치할 수 있다.

```
pip install pandas
```

Pandas에 대한 자세한 정보는 아래의 공식 웹사이트에서 찾아볼 수 있다.
https://pandas.pydata.org/docs/index.html

Pandas의 기본적인 활용 방법은 아래의 "시작하기" 웹페이지를 참조하자.
https://pandas.pydata.org/docs/getting_started/intro_tutorials/index.html

NumPy

NumPy는 배열 작업에 사용되는 파이썬 라이브러리이다. 선형대수학, 푸리에 변환, 행렬의 영역에서 작업하기 위한 기능도 가지고 있다. NumPy는 2005년 트래비스 올리펀트(Travis Oliphant)에 의해 만들어졌다. 이것은 오픈 소스 프로젝트이며 자유롭게 사용할 수 있다. NumPy는 Numerical Python의 약자이다. NumPy는 아래와 같이 pip를 사용하여 설치할 수 있다.

```
pip install numpy
```

NumPy에 대한 상세한 정보는 아래의 공식 웹사이트를 참조하자.
https://numpy.org/

NumPy에 대한 기초적인 사용 방법은 아래의 시작하기 페이지를 참조하자.
https://numpy.org/devdocs/user/quickstart.html

Matplotlib

Matplotlib은 다양한 시각화 유형을 지원하는 오픈 소스 시각화 라이브러리
이다. 코드 몇 줄만으로 그림, 히스토그램, 막대 차트 및 기타 유형의 차트를 생성
할 수 있다. 존 헌터(John D. Hunter)가 2002년에 만들었다. Matplotlib은 아래와
같이 pip를 사용하여 설치할 수 있다.

```
pip install -U matplotlib
```

Matplotlib에 대한 상세한 정보는 아래의 웹사이트에서 찾아볼 수 있다.
https://matplotlib.org/stable/index.html

Matplotlib에 대한 사용법은 아래의 튜토리얼 페이지를 참조하자.
https://matplotlib.org/stable/tutorials/index.html

Seaborn

Seaborn은 파이썬에서 통계 그래픽을 그리기 위한 시각화 라이브러리이다.
통계 플롯을 더욱 매력적으로 만들기 위해 아름다운 기본 스타일과 색상 팔레트를
제공한다. Matplotlib 라이브러리 기반으로 구축되었으며 Pandas의 데이터 구조
와도 긴밀하게 통합되었다. Seaborn은 시각화를 데이터 탐색과 이해의 중심 부분
으로 만드는 것을 목표로 한다. 데이터셋, 지향 API를 제공하여 데이터셋을 더 잘
이해하기 위해 동일한 변수에 대해 서로 다른 시각적 표현 간에 전환할 수 있다.
Seaborn은 아래와 같이 pip를 사용하여 설치할 수 있다.

```
pip install seaborn
```

Seaborn에 대한 상세 정보는 아래의 공식 웹사이트를 참조하자.
https://seaborn.pydata.org/

Seaborn의 사용법은 아래의 튜토리얼 페이지를 참조하자.
https://seaborn.pydata.org/tutorial.html

Scikit-learn

Scikit-learn(Sklearn)은 파이썬의 머신러닝을 위한 가장 유용하고 강력한 라이브러리이다. 분류, 회귀, 클러스터링 및 차원 축소를 포함한 기계 학습 및 통계 모델링을 위한 효율적인 도구를 제공한다. Scikit-learn은 NumPy, SciPy, Matplotlib 라이브러리를 기반으로 한다. 원래 skickits.learn이라고 불렀으며 2007년 데이비드 쿠르나포(David Cournapeau)가 구글의 코드 여름 프로젝트로 처음 개발하였다.

Scikit-learn은 아래와 같이 pip를 사용하여 설치할 수 있다.

```
pip install -U scikit-learn
```

Scikit-learn에 대한 상세한 정보는 아래의 공식 웹사이트를 참조하자.
https://scikit-learn.org/stable/index.html

Scikit-learn의 웹사이트에서는 다양한 머신러닝 문제를 유형별로 잘 설명해 놓았다. 이를 참조하여 학습하도록 하자.

Tensorflow

Tensorflow는 머신러닝을 위한 엔드 투 엔드 오픈 소스 플랫폼이다. 도구, 라이브러리 및 커뮤니티 리소스로 구성된 포괄적이고 유연한 에코시스템을 갖추고 있어 연구자가 머신러닝의 최첨단 기술을 추진하고 개발자가 머신러닝 기반 애플리케이션을 쉽게 구축 및 배포할 수 있다.

Tensorflow는 아래와 같이 pip를 사용하여 설치할 수 있다.

```
pip install tensorflow
```

Tensorflow에 대한 자세한 정보는 아래의 공식 웹사이트를 참조하자.
https://www.tensorflow.org/

Tensorflow의 공식 튜토리얼 사이트는 다양한 머신러닝 사례를 제공한다.
https://www.tensorflow.org/tutorials

Statsmodels

Statsmodels은 통계 테스트 및 통계 데이터 탐색뿐만 아니라 다양한 통계 모델의 추정을 위한 클래스와 함수를 제공하는 파이썬 패키지이다. Statsmodels를 설치하는 가장 쉬운 방법은 데이터 분석과 과학 컴퓨팅을 위한 크로스 플랫폼 배포판인 아나콘다 배포판의 일부로 설치하는 것이다. 이것은 대부분의 사용자에게 권장되는 설치 방법이다.

Python 지원

Statsmodels는 Python 3.7, 3.8, 3.9를 지원한다.

아나콘다 설치

Statsmodels은 아나콘다가 제공하는 conda를 통해 이용할 수 있다. 최신 버전은 아래와 같이 conda를 사용하여 설치할 수 있다.

```
conda install -c conda-forge statsmodels
```

PyPI(pip) 설치

Statsmodels는 아래와 같이 pip을 사용하여 설치할 수 있다.

```
pip install statsmodels
```

Statsmodels에 대한 상세 정보는 아래의 공식 웹사이트를 참조하자.
https://www.statsmodels.org/stable/index.html

Statsmodels를 처음 시작하는 경우에는 아래의 시작하기 페이지를 참조하라.
https://www.statsmodels.org/stable/gettingstarted.html

아래의 예제 페이지와 사용자 문서는 좀 더 많은 정보를 제공한다.
https://www.statsmodels.org/stable/examples/index.html
https://www.statsmodels.org/stable/user-guide.html

DiCE

DiCE는 마이크로소프트 연구진이 개발한 반사실적 설명(counterfactual explanation)을 구현한 패키지이다. 반사실적 설명은 모델 출력에 대한 "what-if" 설명을 제공하며 최종 사용자와 모델 개발자 모두에게 다른 설명 방법에 대한 유용한 보완책이 될 수 있다. DiCE에 대한 소스 코드는 github의 아래 웹사이트에서 제공한다. DiCE는 아래와 같이 pip를 사용하여 설치할 수 있다.

```
pip install dice-ml
```

DiCE에 대한 설명은 아래의 공식 웹페이지를 참조하도록 하자.
http://interpret.ml/DiCE/readme.html

pycausalimpact

Causal Impact는 구글이 개입 후 시간에 대한 일련의 기준선 값을 추정하기 위해 여러 제어 그룹을 기반으로 베이지안 구조 시계열 모델을 만들기 위해 구축한 알고리즘이다. pycausalimpact는 아래와 같이 pip를 사용하여 설치할 수 있다.

```
pip install pycausalimpact
```

Pycausalimpact에 대한 상세 정보는 아래의 웹사이트를 참조하도록 하자.
https://pypi.org/project/pycausalimpact/

DoWhy

DoWhy는 인과 추론을 위한 파이썬 라이브러리로, 인과 가정의 명시적 모델링 및 테스트를 지원한다. DoWhy는 인과적 그래픽 모델과 잠재적 결과 프레임워

크를 결합하여 인과적 추론을 위한 통일된 언어를 기반으로 한다. DoWhy는 마이크로소프트의 연구진이 개발한 패키지로 인과 추론의 대표적인 개발 사례다.

DoWhy는 파이썬 3.6+를 지원하고 있으며, 안정적인 버전의 DoWhy를 설치하려면 pip 또는 conda를 사용할 수 있다.

DoWhy는 아래와 같이 pip를 사용하여 설치할 수 있다.

```
pip install dowhy
```

conda를 사용하여 최신 버전을 설치할 수도 있다.

```
conda install -c conda -forge dowhy
```

DoWhy에 대한 상세한 소개는 아래의 공식 웹사이트를 참조하자.
https://py-why.github.io/dowhy/v0.8/getting_started/intro.html

DoWhy의 소스 코드와 예제는 아래의 github 페이지를 참조하자.
https://github.com/py-why/dowhy

Pygraphviz

Pygraphviz는 인과 추론을 수행할 때 인과 그래프(causal graph)를 표현하기 위해 사용한다. Pygraphviz를 설치는 조금 까다로운 편이다.

먼저 System 환경에 Anaconda의 경로를 Path에 등재한다.
C:\Users\admin\anaconda3

Microsoft의 Visual Studio를 설치해야 한다. 아래 링크에서 설치 안내를 받아 설치하도록 한다.
https://visualstudio.microsoft.com/free-developer-offers/

다음으로 Graphviz를 설치해야 한다. Pygraphviz의 호환을 위해 아래의 다운로드 링크에서 아래 버전을 설치하였다.
https://graphviz.org/download/

graphviz-2.49.0

Graphviz은 아래와 같이 pip를 사용하여 설치할 수 있다.

```
pip install graphviz
```

Pygraphviz를 설치하기 위해 아래와 같이 입력해 보자.

```
pip install --global-option=build_ext --global-option="-IC:\Program Files\Graphviz\include"
--global-option="-LC:\Program Files\Graphviz\lib" pygraphviz
```

LiNGAM

LiNGAM은 아래와 같이 pip를 사용하여 설치할 수 있다.

```
pip install lingam
```

추가적인 패키지로 factor analyzer를 설치해야 한다.

```
pip install factor_analyzer
```

인과 그래프를 그리기 위해 아래와 같이 두 패키지를 설치해야 한다.

```
pip install igraph
pip install pygam
```

학습에 필요한 소프트웨어 및 라이브러리의 설치가 완료되었다. 이제 인과 분석을 위한 여행을 떠나 보자.

Chapter 01

가설 검정

Chapter 01

가설 검정

 서론

모든 인과 분석은 다양한 가설 검정을 포함한다. 따라서 가설 검정이 무엇인가 명확히 아는 것이 필요하다. 본 장에서는 가설이란 무엇인지, 가설 검정은 어떻게 수행할 것인지, 마지막으로 파이썬 프로그램을 사용하여 가설 검정을 어떻게 수행할 것인지에 대해 학습한다. 1920년대에 로널드 피셔(Ronald Fisher)는 p-값(p-value) 이론을 개발했고 예지 네이먼(Jerzy Neyman)과 에곤 피어슨(Egon Pearson)은 가설 검정 이론을 개발했다. 이러한 별개의 이론들은 연구자들에게 그들의 가설을 확인하거나 반박할 수 있는 중요한 정량적 도구를 제공한다[1].

 가설과 가설 검정

● 가설

가설(hypothesis)은 연구 프로젝트의 결과에서 발견될 것에 대한 예측이며 일반적으로 연구에서 연구된 두 개의 다른 변수(variables) 사이의 관계에 초점을 맞춘다. 그것은 보통 사물이 어떻게 작동하는지에 대한 이론적인 기대와 이미 존재하는 과학적 증거에 기초한다.

가설검정에서 가설은 두 가지 형태를 취할 수 있다. 귀무가설(null hypothesis)
은 두 변수 사이에 관계가 **없음**을 예측하고, 대립가설(alternative hypothesis)은 변
수 간의 관계가 **있음**를 예측할 수 있다. 두 경우 모두 결과에 영향을 미치거나 영향
을 미치지 않는 것으로 생각되는 변수를 독립변수(independent variable)라고 하며,
영향을 받거나 그렇지 않은 것으로 생각되는 변수를 종속변수(dependent variable)
라고 한다.

연구자들은 가설이 사실로 입증될지 여부를 결정하려고 한다. 그들은 가끔은
그럴 때도 있고, 때로는 그렇지 않을 수도 있다. 어느 쪽이든 가설의 진위 여부를
결론지을 수 있다면 연구는 성공적인 것으로 간주된다.

◑ 가설 검정

가설 검정은 서로 충돌하는 두 가설 사이에서 선택을 하는 과정이다. 많은 응
용 분야에서 이러한 가설은 모집단 모수(예: 모집단 평균, μ 또는 모집단 표준 편차, σ)의
값과 관련이 있다.

귀무가설과 대립가설

귀무가설(Ho)은 연구자가 이론과 기존의 과학적 증거에 근거하여 두 변수 사
이에 관계가 없을 것을 표현한다. 예를 들어, 어떤 요인이 한국 내에서 개인의 가장
높은 교육 수준에 영향을 미치는지 조사할 때, 연구자는 출생지, 형제자매의 수, 종
교가 교육 수준에 영향을 미치지 않을 것으로 예상할 수 있다. 이는 연구자가 세 개
의 귀무가설을 진술했다는 것을 의미한다.

대립가설(Ha)은 연구자의 귀무가설과 달리 두 변수 사이에 관계가 있는 것을
표현한다. 같은 예를 들어, 연구자들은 부모의 경제적 계층과 교육적 성취도가 개
인의 교육적 성취도에 영향을 미칠 가능성이 높다고 예상할 수 있다. 기존의 증거
와 사회 이론은 한 사람의 부모의 경제적 계층과 교육적 성취 모두가 교육적 성취
에 긍정적인 영향을 미칠 것이라는 것을 암시한다. 이 경우 부모의 경제적 계층과
교육적 성취도는 독립적 변수이고, 한 사람의 교육적 성취도는 종속변수이다.

가설 도출

가설을 공식화하는 것(formulating a hypothesis)은 연구의 맨 처음에 또는 이미 약간의 연구가 완료된 후에 일어날 수 있다. 때때로 연구자는 자신이 연구에 관심이 있는 변수를 처음부터 정확히 알고 있으며, 이미 그들의 관계에 대한 예감을 가지고 있을 수도 있다. 연구자가 특정 주제, 추세 또는 현상에 관심을 가질 수 있지만 변수를 식별하거나 가설을 세울 만큼 충분히 알지 못할 수도 있다. 가설이 공식화될 때마다 가장 중요한 것은 자신의 변수가 무엇인지, 변수 사이의 관계의 본질은 무엇인지, 그리고 변수에 대한 연구를 어떻게 수행할 수 있는지를 정확하게 하는 것이다[2].

 검증의 단계

가설이 설정되었다고 하면 다음과 같이 5가지 단계를 거쳐 가설 검증을 수행한다.

❶ 연구 가설을 귀무가설(Ho)과 대립가설(Ha)로 진술한다.
❷ 가설을 검정하도록 설계된 방법으로 데이터를 수집한다.
❸ 적절한 통계 테스트를 수행한다.
❹ 귀무가설을 기각할지 여부를 결정한다.
❺ 결과 및 토론 섹션에 결과를 제시한다.

◉ 1단계: 귀무가설 및 대립가설 설명

초기 연구 가설(조사하려는 예측)을 개발한 후에는 귀무가설(null hypothesis, Ho)과 대립가설(alternate hypothesis, Ha)로 다시 기술하여 수학적으로 검정하는 것이 중요하다.

- 귀무가설(Ho): 검정의 가정은 일정 수준의 유의성을 유지하며 기각되지 않는다.
- 대립가설(Ha): 검정의 가정은 일정 수준의 유의성을 유지하지 않으며 기각된다.

귀무가설을 기각하거나 기각하기 전에 검정 결과를 해석해야 한다. 예를 들어, 나이와 혈압 사이에 관계가 있는지 여부를 검정하려고 한다고 하자. 인간의 생리학에 대한 지식을 바탕으로 평균적으로 나이가 들수록 혈압이 높다는 가설을 세운다. 이 가설을 검정하려면 다음과 같이 가설을 설정한다.

- Ho: 평균적으로 나이가 많을수록 혈압은 높지 않다.
- Ha: 평균적으로 나이가 많을수록 혈압이 높다.

◉ 2단계: 데이터 수집

통계 검정이 유효하려면 가설을 검정하도록 설계된 방법으로 표본을 추출하고 데이터를 수집하는 것이 중요하다. 데이터가 문제를 대표하지 않으면 관심 있는 모집단에 대한 통계 추론을 할 수 없다. 나이가 많으면 혈압이 높다는 것을 검정하려면 표본에 나이의 비율이 동일해야 하며, 다양한 사회 경제적 계층과 평균 혈압에 영향을 미칠 수 있는 다른 통제 변수(control variables)를 포함해야 하고, 범위도 고려해야 한다. 다양한 지역 및 사회 계층의 데이터를 포함하며 전 세계 많은 국가에서 사용할 수 있기 때문에 이 경우 잠재적인 데이터 소스는 인구 조사 데이터일 수 있다.

◉ 3단계: 통계 테스트 수행

다양한 통계 검정을 사용할 수 있지만, 모두 그룹 내 분산(within-group variance; 데이터가 범주 내에 분산된 정도)과 그룹 간 분산(between-group variance; 범주가 서로 다른 정도)의 비교를 기반으로 한다. 그룹 간 분산이 너무 커서 그룹 간에 중복이 거의 없거나 겹치지 않으면 낮은 p-값을 보여줌으로써 통계 검정이 이를 반영한다. 이것은 이 그룹들 사이의 차이가 우연히 생겼을 가능성이 낮다는 것을 의미한다. 또는 그룹 내 분산이 높고 그룹 간 분산이 낮으면 p-값이 높은 통계 검정이 이를 반영한다. 즉, 그룹 간에 측정한 차이가 우연에 의한 것일 가능성이 높다. 통계 검정(statistical test)을 선택하는 방법은 수집한 데이터의 유형(type of data)을 기준으로 한다.

◉ 4단계: 귀무가설 기각 여부 결정

통계 검정 결과에 따라 귀무가설을 기각할지 여부를 결정하기 위해 다음과 같은 통계량을 얻는다.

- 검정 통계량
- p-값

검정 통계량은 데이터가 귀무가설과 얼마나 밀접하게 일치하는가를 나타내는 반면, p-값은 귀무가설이 참일 확률을 알려준다. 즉, p-값은 통계적 유의성을 결정한다. p-값이 매우 낮으면 통계적 유의성이 높음을 나타내지만, p-값이 높으면 통계적 유의성이 낮거나 없음을 의미한다. 따라서 대부분의 경우 통계 검정을 통해 생성된 p-값을 사용하여 결정을 내릴 수 있다. 그리고 대부분의 경우 귀무가설을 기각하기 위한 사전 정의된 유의 수준(significance level)은 0.05이다. 이것은 대립가설이 맞다고 볼 경우 귀무가설이 참인 경우를 볼 확률이 5% 미만이라는 의미다. 연구자가 0.01(1%)과 같이 보다 보수적인 유의 수준을 선택하는 경우도 있다. 이렇게 하면 귀무가설(타입 I 오차)을 잘못 기각할 위험이 최소화된다.

◉ 5단계: 연구 결과 제시

가설 검사의 결과는 연구 논문의 결과와 토론 섹션에 제시될 것이다. 결과 섹션에서 데이터에 대한 간략한 요약과 통계 검정 결과에 대한 요약(예: 그룹 평균과 관련 p-값 간의 추정 차이)을 제공해야 한다. 토론에서는 초기 가설이 결과에 의해 뒷받침되는지 여부를 논의할 수 있다. 하지만, 연구 결과를 학술 논문에 발표할 때 귀무가설과 대립가설의 채택 여부로 설명한다. 즉, 테스트 결과가 대립가설과 일치하는지 또는 불일치하는지 여부를 진술한다. 귀무가설이 기각된 경우 이 결과는 대립가설과 일치하는 것으로 해석된다.

검증 오류

통계적 가설 검증은 귀무가설 기각 또는 수락이라는 두 가지 중 하나를 선택을 해야 한다. 가설 검정 절차가 Ho이 실제로 거짓일 때 항상 Ho을 기각하고 Ho가 실제로 참일 때 Ho을 수락하는 것이었다면 가설 검정에는 오류가 없을 것이다. 그렇지만 귀무가설과 대립가설은 아래 그림에서 보는 것처럼 실제로는 확률 변수이며 두 가설이 완전히 분리되어 있지 않고 일정부분 겹칠 수 있다. 따라서 사실에 부합되지 않는 의사 결정을 할 수 있다.

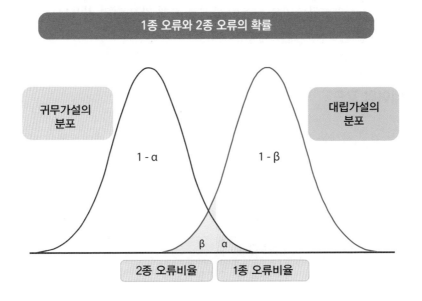

제1종 오류는 귀무가설이 잘못 기각될 때 발생한다. 제1종 오류(일반적으로 유의수준이라고 함)의 확률은 그리스 문자 α로 표시한다.

실제로 Ho이 참일 때 Ho을 기각할 확률 = α.

α에 사용되는 공통 값은 일반적으로 0.05 또는 0.01이며, 때때로 더 크거나 더 작은 값이 사용된다. 예를 들어, α = 0.05는 연구자가 Ho을 거부할 때 실수할 확률 5%를 기꺼이 수락한다는 것을 의미한다.

제2종 오류는 귀무가설이 잘못 받아들여지면 발생한다. 제2종 오류의 확률은 일반적으로 그리스 문자 β로 표시된다.

실제로 Ho이 거짓일 때 Ho을 수용할 확률 = β.

 가설 검정 사례

여기에서는 파이썬 API를 사용한 예제를 통해 가장 많이 사용되는 통계 가설 테스트에 대한 간략한 사례를 제공한다[3].

◗ 데이터 로드

가설 검정 사례는 와인 품질 데이터셋을 사용한다. 와인 데이터셋은 아래와 같은 속성을 가지고 있다.

표 1-1 와인 품질 데이터셋 속성 정보

속성이름	변수유형	의미
fixed acidity	수치	고정 산도
volatile acidity	수치	휘발성 산도
citric acid	수치	구연산
residual sugar	수치	잔류 당
chlorides	수치	염화물
free sulfur dioxide	수치	유리 이산화황
total sulfur dioxide	수치	총 이산화황
density	수치	밀도
pH	수치	pH

sulphates	수치	황산염
alcohol	수치	알코올
quality	수치	품질(1 ~ 10)

데이터셋은 아래와 같이 로딩한다.

```
import pandas as pd
from scipy.stats import anderson
wines = pd.read_csv("winequality-red.csv", sep=";")
print(wines.head())
```

```
   fixed acidity  volatile acidity  citric acid  residual sugar  chlorides  \
0            7.4              0.70         0.00             1.9      0.076
1            7.8              0.88         0.00             2.6      0.098
2            7.8              0.76         0.04             2.3      0.092
3           11.2              0.28         0.56             1.9      0.075
4            7.4              0.70         0.00             1.9      0.076

   free sulfur dioxide  total sulfur dioxide  density    pH  sulphates  \
0                 11.0                  34.0   0.9978  3.51       0.56
1                 25.0                  67.0   0.9968  3.20       0.68
2                 15.0                  54.0   0.9970  3.26       0.65
3                 17.0                  60.0   0.9980  3.16       0.58
4                 11.0                  34.0   0.9978  3.51       0.56

   alcohol  quality
0      9.4        5
1      9.8        5
2      9.8        5
3      9.8        6
4      9.4        5
```

● 정규성 검증에 대한 가설 검정

정규성 검증은 데이터가 정규분포인지를 확인한다. 정규성 검증을 위한 다양한 검증 방법에는 Shapiro-Wilk Test, D'Agostino's K squared Test, Anderson-Darling Test 등이 있다. 통계적 정규성 검정은 하나의 변수에 대해서만 검증을 하며, 사례의 개수가 늘어나면(N>5000) 정규성 검정에 사용되는 p-값을 신뢰할 수 없다는 문제가 있다.

전제 조건

● 각 표본의 관측치는 동일한 분포(iiD-independent and identically distributed)를 가진다.

해석

● Ho: 표본은 정규 분포를 따른다.
● Ha: 표본은 정규 분포를 따르지 않는다.

먼저 다음과 같이 속성을 정의해 보자.

```
quality = wines["quality"].tolist()
alcohol = wines["alcohol"].tolist()
sugar = wines["residual sugar"].tolist()
```

Shapiro-Wilk Test

```
from scipy.stats import shapiro
stat, p = shapiro(quality)
print("Shapiro-Wilk Test:")
print('stat=%.3f, p=%.3f' % (stat, p))
if p > 0.05:
    print('귀무가설을 기각할 수 없다.')
else:
    print('귀무가설을 기각한다.')
```

```
Shapiro-Wilk Test:
stat=0.858, p=0.000
귀무가설을 기각한다.
```

D'Agostino's K Squared Test

```
from scipy.stats import normaltest
stat, p = normaltest(quality)
print("D'Agostino's K Squared Test:")
print('stat=%.3f, p=%.3f' % (stat, p))
if p > 0.05:
    print('귀무가설을 기각할 수 없다.')
else:
    print('귀무가설을 기각한다.')
```

```
D'Agostino's K Squared Test:
stat=17.262, p=0.000
귀무가설을 기각한다.
```

Anderson-Darling Test

```
from scipy.stats import anderson
result = anderson(quality)
print("Anderson-Darling Test:")
p = result.critical_values[2]
print('stat=%.3f, p=%.3f' % (result.statistic, p))
if p > 0.05:
    print('귀무가설을 기각할 수 없다.')
else:
    print('귀무가설을 기각한다.')
```

```
Anderson-Darling Test:
stat=110.633, p=0.785
귀무가설을 기각할 수 없다.
```

⬤ 상관성 검증에 대한 가설 검정

상관성 검증은 두 표본이 관련이 있는지 확인하는 데 사용할 수 있는 통계 검정이며, Pearson's Correlation Coefficient, Spearman's Rank Correlation, Kendall's Rank Correlation 등이 사용된다.

> 전제 조건

- 각 표본의 관측치는 독립적이고 동일한 분포(iid)다.
- 각 표본의 관측치는 정규 분포를 따른다.
- 각 표본의 관측치는 분산이 동일하다.

> 해석

- Ho: 두 표본은 독립적이다.
- Ha: 두 표본은 독립적이지 않다.

와인 데이터에서 품질(quality), 알코올(alcohol), 잔류당(residual sugar)의 상관관계를 검증해 보자. 위에서 로딩한 데이터셋에서 알코올과 잔류당에 대한 데이터를 생성해 보자.

Pearson's Correlation Coefficient

```
from scipy.stats import pearsonr
#품질과 알코올의 상관성
stat, p = pearsonr(quality, alcohol)
print('stat=%.3f, p=%.3f' % (stat, p))
if p > 0.05:
    print('Ho를 기각할 수 없다')
else:
    print('Ho를 기각한다')
#품질과 잔류당의 상관성
stat, p = pearsonr(quality, sugar)
```

```
print('stat=%.3f, p=%.3f' % (stat, p))
if p > 0.05:
    print('Ho를 기각할 수 없다')
else:
    print('Ho를 기각한다')
```

```
stat=0.476, p=0.000
Ho를 기각한다
stat=0.014, p=0.583
Ho를 기각할 수 없다
```

Spearman's Rank Correlation

```
from scipy.stats import spearmanr
stat, p = spearmanr(quality, alcohol)
print('stat=%.3f, p=%.3f' % (stat, p))
if p > 0.05:
    print('Ho를 기각할 수 없다')
else:
    print('Ho를 기각한다')


stat, p = spearmanr(quality, sugar)
if p > 0.05:
    print('Ho를 기각할 수 없다')
else:
    print('Ho를 기각한다')
```

```
stat=0.479, p=0.000
Ho를 기각한다
Ho를 기각할 수 없다
```

Kendall's Rank Correlation

```
from scipy.stats import kendalltau
stat, p = kendalltau(quality, alcohol)
print('stat=%.3f, p=%.3f' % (stat, p))
if p > 0.05:
    print('Ho를 기각할 수 없다')
else:
    print('Ho를 기각한다')

stat, p = kendalltau(quality, sugar)
print('stat=%.3f, p=%.3f' % (stat, p))
if p > 0.05:
    print('Ho를 기각할 수 없다')
else:
    print('Ho를 기각한다')
```

```
stat=0.380, p=0.000
Ho를 기각한다
stat=0.026, p=0.193
Ho를 기각할 수 없다
```

Chi-Square Test of Independence

카이-제곱 독립성 검정(Chi-Square Test of Independence)은 두 범주형 변수 사이에 유의한 연관성이 있는지를 확인하는 데 사용된다. 다음과 같은 사례를 보자. 우리는 500명의 유권자를 대상으로 간단한 무작위 표본을 추출하여 그들의 정당 선호도를 조사한다. 다음 표에는 설문 조사 결과가 나와 있다.

표 1-2 **유권자 선호정당 데이터**

	X당	Y당	Z당	합계
남자	120	90	40	250
여자	110	95	45	250
합계	230	185	85	500

다음 단계를 사용하여 파이썬에서 카이-제곱 독립성 테스트를 수행하여 성별이 정당 선호도와 연관되어 있는지 확인해 보자.

```
from scipy.stats import chi2_contingency
data = [[120, 90, 40],[110, 95, 45]]
stat, p, dof, expected = chi2_contingency(data)
print('stat=%.3f, p=%.3f' % (stat, p))
if p > 0.05:
    print('Ho를 기각할 수 없다')
else:
    print('Ho를 기각한다')
```

stat=0.864, p=0.649
Ho를 기각할 수 없다

◉ 모수 통계 가설 검정

모수 통계 가설 검정은 데이터 표본을 비교하는 데 사용할 수 있는 통계 검정을 말한다.

Student's t-test

두 독립 표본의 평균이 유의하게 다른 지 여부를 검증한다.

전제 조건
- 각 표본의 관측치는 독립적이고 동일한 분포(iid)다.
- 각 표본의 관측치는 정규 분포를 따른다.
- 각 표본의 관측치는 분산이 동일하다.

해석
- Ho: 표본의 평균이 같다.
- Ha: 표본의 평균이 같지 않다.

```
from scipy.stats import ttest_ind
data1 = [300, 315, 320, 311, 314, 309, 300, 308, 305, 303, 305, 301, 303]
data2 = [335, 329, 322, 321, 324, 319, 304, 308, 305, 311, 307, 300, 305]
stat, p = ttest_ind(a=data1, b=data2)
print('stat=%.3f, p=%.3f' % (stat, p))
if p > 0.05:
    print('Ho를 기각할 수 없다')
else:
    print('Ho를 기각한다')
```

stat=-2.101, p=0.046
Ho를 기각한다

t 검정 통계량은 -2.101이고 해당 양측 p-값은 0.046이다. 검정의 p-값(0.046)이 0.05보다 작기 때문에 귀무가설을 기각한다. 이것은 우리가 두 종 사이의 평균 무게가 같지 않다고 말할 충분한 증거를 가지고 있다는 것을 의미한다.

Paired Student's t-test

대응 표본 두 개의 평균이 유의하게 다른지 여부를 검증한다.

전제 조건
- 각 표본의 관측치는 독립적이고 동일한 분포(iid)다.
- 각 표본의 관측치는 정규 분포를 따른다.
- 각 표본의 관측치는 분산이 동일하다.
- 각 표본에 걸친 관측치가 쌍으로 구성된다.

해석
- Ho: 표본의 평균이 같다.
- Ha: 표본의 평균이 같지 않다.

```
from scipy.stats import ttest_rel
data1 = [22, 24, 20, 19, 19, 20, 22, 25, 24, 23, 22, 21]
data2 = [23, 25, 20, 24, 18, 22, 23, 28, 24, 25, 24, 20]
stat, p = ttest_rel(a=data1, b=data2)
print('stat=%.3f, p=%.3f' % (stat, p))
if p > 0.05:
    print('Ho를 기각할 수 없다')
else:
    print('Ho를 기각한다')
```

stat=-2.529, p=0.028
Ho를 기각한다

t 검정 통계량은 -2.529이고 해당 양측 p-값은 0.028이다. 따라서 우리는 귀무가설을 기각한다. 이는 훈련 프로그램을 사용하기 전과 후의 평균 점프 높이가 같지 않다고 말할 수 있는 충분한 증거를 가지고 있다는 것을 의미한다.

Analysis of Variance Test (ANOVA)

분산 분석 검정은 둘 이상의 독립 표본의 평균이 유의하게 다른지 여부를 검증한다.

전제 조건

● 각 표본의 관측치는 독립적이고 동일한 분포(iid)다.
● 각 표본의 관측치는 정규 분포를 따른다.
● 각 표본의 관측치는 분산이 동일하다.

해석

● Ho: 표본의 평균이 같다.
● Ha: 표본의 평균 중 하나 이상이 동일하지 않다.

```
from scipy.stats import f_oneway
data1 = [85, 86, 88, 75, 78, 94, 98, 79, 71, 80]
data2 = [91, 92, 93, 85, 87, 84, 82, 88, 95, 96]
data3 = [79, 78, 88, 94, 92, 85, 83, 85, 82, 81]
stat, p = f_oneway(data1, data2, data3)
print('stat=%.3f, p=%.3f' % (stat, p))
if p > 0.05:
    print('Ho를 기각할 수 없다')
else:
    print('Ho를 기각한다')
```

stat=2.358, p=0.114
Ho를 기각할 수 없다

F 검정 통계량은 2.358이고 해당 p-값은 0.114다. p-값이 0.05보다 작지 않기 때문에 귀무가설을 기각하지 못한다. 이것은 우리가 세 가지 데이터의 차이가 있다고 말할 충분한 증거를 가지고 있지 않다는 것을 의미한다.

Repeated Measures ANOVA Test

두 개 이상의 쌍체 표본의 평균이 유의하게 다른지 여부를 검증한다.

전제 조건

● 각 표본의 관측치는 독립적이고 동일한 분포(iid)다.
● 각 표본의 관측치는 정규 분포를 따른다.
● 각 표본의 관측치는 분산이 동일하다.
● 각 표본에 걸친 관측치가 쌍으로 구성된다.

해석

● Ho: 표본의 평균이 같다.
● Ha: 표본의 평균 중 하나 이상이 동일하지 않다.

```python
import numpy as np
import pandas as pd
from statsmodels.stats.anova import AnovaRM
# Create the data
df_car = pd.DataFrame({'Cars': np.repeat([1, 2, 3, 4, 5], 4),
            'Oil': np.tile([1, 2, 3, 4], 5),
            'Mileage': [36, 38, 30, 29,
                34, 38, 30, 29,
                34, 28, 38, 32,
                38, 34, 20, 44,
                26, 28, 34, 50]})
print(df_car.head())
# Conduct the repeated measures ANOVA
print(AnovaRM(data=df_car, depvar='Mileage',subject='Cars', within=['Oil']).fit())
```

```
   Cars  Oil  Mileage
0    1    1       36
1    1    2       38
2    1    3       30
3    1    4       29
4    2    1       34

             Anova
==================================
   F Value Num DF  Den DF Pr > F
----------------------------------
Oil  0.5679 3.0000 12.0000  0.6466
==================================
```

이 예제에서 F 검정-통계량은 0.5679이고 해당 p-값은 0.646다. 이 p-값이 0.05보다 작지 않기 때문에 귀무가설을 기각할 수 없으며 4개 엔진 오일 간의 평균 응답 시간에 통계적으로 유의하지 않은 차이가 있다는 결론을 내릴 수 없다.

● 비모수 통계 가설 검정

Mann-Whitney U Test

두 독립 표본의 분포가 동일한지 여부를 검증한다.

[전제 조건]

- 각 표본의 관측치는 독립적이고 동일한 분포(iid)다.
- 각 표본의 관측치에 순위를 매길 수 있다.

[해석]

- Ho: 두 표본의 분포가 동일하다.
- Ha: 두 표본의 분포가 같지 않다.

```
from scipy.stats import mannwhitneyu
data1 = [0.873, 2.817, 0.121, -0.945, -0.055, -1.436, 0.360, -1.478, -1.637, -1.869]
data2 = [1.142, -0.432, -0.938, -0.729, -0.846, -0.157, 0.500, 1.183, -1.075, -0.169]
stat, p = mannwhitneyu(data1, data2)
print('stat=%.3f, p=%.3f' % (stat, p))
if p > 0.05:
    print('Ho를 기각할 수 없다')
else:
    print('Ho를 기각한다')
```
```
stat=40.000, p=0.473
Ho를 기각할 수 없다
```

이 경우 검정 통계량은 40이고 해당 p-값은 0.473이다. 이 p-값이 0.05보다 크기 때문에 두 표본의 분포가 동일하다는 귀무가설을 기각할 수 없다.

Wilcoxon Signed-Rank Test

쌍체 표본 두 개의 분포가 동일한지 여부를 검증한다.

전제 조건

- 각 표본의 관측치는 독립적이고 동일한 분포(iid)다.
- 각 표본의 관측치에 순위를 매길 수 있다.
- 각 표본에 걸친 관측치가 쌍으로 구성된다.

해석

- Ho: 두 표본의 분포가 동일하다.
- Ha: 두 표본의 분포가 같지 않다.

```python
from scipy.stats import wilcoxon
data1 = [0.873, 2.817, 0.121, -0.945, -0.055, -1.436, 0.360, -1.478, -1.637, -1.869]
data2 = [1.142, -0.432, -0.938, -0.729, -0.846, -0.157, 0.500, 1.183, -1.075, -0.169]
stat, p = wilcoxon(data1, data2)
print('stat=%.3f, p=%.3f' % (stat, p))
if p > 0.05:
    print('Ho를 기각할 수 없다')
else:
    print('Ho를 기각한다')
```

stat=21.000, p=0.557
Ho를 기각할 수 없다

이 경우 검정 통계량은 21이고 해당 p-값은 0.557이다. 이 p-값이 0.05보다 크기 때문에 두 표본의 분포가 동일하다는 귀무가설을 기각할 수 없다.

Kruskal-Wallis H Test

두 개 이상의 독립 표본의 분포가 동일한지 여부를 검증한다.

전제 조건

- 각 표본의 관측치는 독립적이고 동일한 분포(iid)다.
- 각 표본의 관측치에 순위를 매길 수 있다.

- Ho: 모든 표본의 분포가 동일하다.
- Ha: 하나 이상의 표본의 분포가 같지 않다.

```
from scipy.stats import kruskal
data1 = [7, 14, 14, 13, 12, 9, 6, 14, 12, 8]
data2 = [15, 17, 13, 15, 15, 13, 9, 12, 10, 8]
data3 = [6, 8, 8, 9, 5, 14, 13, 8, 10, 9]
stat, p = kruskal(data1, data2, data3)

print('stat=%.3f, p=%.3f' % (stat, p))
if p > 0.05:
    print('Ho를 기각할 수 없다')
else:
    print('Ho를 기각한다')
```
```
stat=6.288, p=0.043
Ho를 기각한다
```

이 경우 검정 통계량은 6.288이고 해당 p-값은 0.043이다. 이 p-값이 0.05보다 작기 때문에 세 가지 데이터의 분포가 동일하다는 귀무가설을 기각할 수 있다.

Friedman Test

두 개 이상의 쌍체 표본의 분포가 동일한지 여부를 검증한다.

예제

한 연구자가 세 가지 약물에 대한 환자의 반응 시간이 동일한지 여부를 확인하려고 한다. 이를 검사하기 위해 그는 세 가지 약물에 대한 10명의 다른 환자의 반응 시간(초)을 측정한다.

- 각 표본의 관측치는 독립적이고 동일한 분포(iid)다.
- 각 표본의 관측치에 순위를 매길 수 있다.
- 각 표본에 걸친 관측치가 쌍으로 구성된다.

해석

- Ho: 모든 표본의 분포가 동일하다.
- Ha: 하나 이상의 표본의 분포가 같지 않다.

```
from scipy.stats import friedmanchisquare
data1 = [4, 6, 3, 4, 3, 2, 2, 7, 6, 5]
data2 = [5, 6, 8, 7, 7, 8, 4, 6, 4, 5]
data3 = [2, 4, 4, 3, 2, 2, 1, 4, 3, 2]
stat, p = friedmanchisquare(data1, data2, data3)
print('stat=%.3f, p=%.3f' % (stat, p))
if p > 0.05:
    print('Ho를 기각할 수 없다')
else:
    print('Ho를 기각한다')
```

stat=13.351, p=0.001
Ho를 기각한다

이 예제에서 검정 통계량은 13.351이고 해당 p-값은 0.001이다. 이 p-값이 0.05보다 작기 때문에 평균 반응 시간이 세 가지 약물에 대해 동일하다는 귀무가설을 기각할 수 있다. 즉, 사용된 약물의 유형이 반응 시간에 통계적으로 유의한 차이로 이어진다는 결론을 내릴 수 있는 충분한 증거를 가지고 있다.

이번 장에서 우리는 인과 분석의 기초가 되는 가설 검정에 대해서 배웠다. 가설 검증에 대한 좀 더 전문적인 서적(예, [4])이 있지만, 이 책에서는 주로 파이썬을 활용한 실무적인 문제에 대해 집중하였다. 가설 검정은 검정하고자 하는 현상에 대한 가정을 생성하고, 데이터를 수집한 후 통계적 기법을 적용하여 가설이 맞는지 여부를 판단한다. 가설 검정이 인과 관계를 분석하는 것을 직접적인 목표로 삼을 수 있지만, 그렇지 않은 경우도 있다. 그럼에도 불구하고 가설 검정은 인과 분석를 구성하는 본질적인 요소로 볼 수 있다. 가설 검정에서 가설은 검정하고자 두 변수의 관계에 대해 초점을 맞춘다. 그러나 가설 검증은 두 변수가 어느 정도 관련이 있는지, 어떤 변수가 원인이고 어떤 변수가 결과인지에 설명하지 못한다. 이 목적을 달성하기 위해서 우리는 좀 더 나은 방법을 찾아야 한다. 이것이 이 책을 통해 학습하고자 하는 것이다.

Chapter 02

선형 회귀 모델링

Chapter 02

선형 회귀 모델링

서론

우리는 이전 장에서 두 변수의 관계를 검증하는 가설 검정에 대해서 배웠다. 가설 검정은 두 변수의 사이에 관계가 있다는 것을 통계적으로 확인할 수 있지만, 그 관계의 수준이 어느 정도인지에 대한 답을 할 수 없다. 더 나아가 다수의 독립변수가 종속변수와 관계가 있는지, 관계가 있다면 각각의 독립변수는 어느 정도 영향을 미치는지에 대해 설명할 수 없다. 선형 회귀 모델은 이런 문제에 대한 답을 제공해 줄 수 있다. 이번 장에서는 회귀 모델과 회귀 모델링의 개념과 결과로 제공되는 모델의 해석 및 시각화에 대해 학습한다. 회귀 모델에는 하나의 독립변수와 종속변수로 구성된 회귀 모델과 다수의 독립변수와 종속변수로 구성된 다중 회귀 모델이 있다. 회귀 시각화는 회귀 모델의 특성과 회귀 모델이 충족해야 할 가정에 대한 검증을 위해 사용한다.

모델과 모델링

회귀 분석을 포함한 데이터 분석에서는 모델과 모델링이란 용어를 많이 사용한다. 따라서 이 두 용어에대한 이해를 먼저 해 보자. 데이터 분석에서 '모델(model)'은 두 가지 역할을 한다. 인과적 관점에서 보면 모델은 원인(causes)이 되는 변수와 결과(outcome)가 되는 변수가 어떻게 작동하는지를 보여준다. 예측적 관점에서 보면 모델은 독립변수(predictor variables)를 사용하여 출력 값(outcome)을 예측한다. 같은 데이터셋을 사용하더라도 분석 모델의 목적이 무엇인지에 따라 모델의 의미가 달라질 수 있다.

모델링(modeling)은 모델을 만드는 과정을 의미한다. 모델을 만드는 데 사용되는 것을 모델링 기법 또는 알고리즘이라고 한다. 인과 모델을 만드는 대표적인 기법은 회귀 모델링(regression modeling) 기법이다. 회귀 모델링은 하나 또는 다수의 변수의 값에 따라 다른 하나의 변수의 값이 어떻게 변하는지를 모델링한다. 영향을 미치는 변수를 독립변수(independent variable)라고 하고 영향을 받는 변수를 종속변수(dependent variable)라고 한다. 예를 들어, 나이(age; 독립변수)가 증가하면 혈압(blood pressure; 종속변수)가 얼마나 미치는지를 회귀 모델링을 통해 모델을 구축할 수 있다.

회귀 모델링 기법은 통계학 분야에서 오래동안 개발되어 왔고, 이번 장과 다음장에서 조금 살펴보겠지만 매우 정교한 이론적 체계를 가지고 있다. 최근에는 머신러닝을 기반으로 컴퓨터 과학 분야에서도 모델링 방법이 개발되었다. 통계학과 컴퓨터 과학의 접근 방법은 전자는 인과 관계에 집중하는 반면 후자의 경우에는 예측에 집중한다는 점에서 약간의 차이가 있다. 실무적으로 회귀 모델링을 지원하는 다양한 소프트웨어(예, Scikit-Learn, Statmodels)가 개발되었다. 본 장에서는 Statsmodels에서 제공하는 파이썬 라이브러리를 통해 분석을 진행해 보자. Statsmodels은 Scikit-Learn에 비해 인과 분석과 관련된 다양한 통계 지표를 제공한다.

 ## 데이터셋

본 분석에서는 캐글에서 제공하는 데이터셋을 사용하여 분석을 수행한다. 데이터셋의 목표는 환자가 10년 후 관상동맥 심장 질환(CHD) 위험이 있는지 여부를 예측하는 것이다. 데이터셋은 표 2-1에 기술된 속성을 갖는 4,240개 사례로 구성되어 있다.

표 2-1   심장질환 데이터셋 속성 정보

속성	값 유형	설명
sex	Nominal	성별(male=1, female=0)
age	Continuous	환자의 나이( )
education	Nominal	교육 수준(1,2,3,4)
currentSmoker	Nominal	환자가 흡연자인지 여부(yes=1, no=0)
cigsPerDay	Continuous	하루 평균 흡연 횟수
BPMeds	Nominal	혈압약 복용 여부(yes=1, no=0)
prevalentStroke	Nominal	뇌졸중 여부(yes=1, no=0)
prevalentHyp	Nominal	고혈압 여부(yes=1, no=0)
diabetes	Nominal	당뇨 여부(yes=1, no=0)
totChol	Continuous	총 콜레스테롤 수준
sysBP	Continuous	수축기 혈압(systolic blood pressure)
diaBP	Continuous	확장기 혈압(diastolic blood pressure)
BMI	Continuous	비만도(Body Mass Index)
heartRate	Continuous	심박수(heart rate)
glucose	Continuous	포도당 수준(glucose level)
TenYearCHD	Nominal 라벨 변수	관상 동맥 심장 질환의 10년 위험(coronary heart disease: CHD) (yes=1, no=0)

먼저 분석에 필요한 라이브러리를 가져와서 데이터셋을 로딩하자. 본 분석에 서는 statsmodels에서 제공하는 회귀 분석 패키지를 사용하여 분석을 수행한다.

```
import numpy as np
import pandas as pd
import statsmodels.api as sm
import statsmodels.formula.api as smf
from statsmodels.graphics.gofplots import ProbPlot
import matplotlib.pyplot as plt
```

라이브러리를 문제없이 가져왔으면 Pandas의 read_csv 함수를 사용하여 데이터셋을 로드한다.

```
path = "D:/python_project/causal_inference/dataset/"
df = pd.read_csv(path+"framingham.csv")
df.head()
```

	male	age	education	currentSmoker	cigsPerDay	BPMeds	prevalentStroke	prevalentHyp	diabetes	totChol	sysBP	diaBP	BMI	heartRate	glucose	TenYearCHD
0	1	39	4.0	0	0.0	0.0	0	0	0	195.0	106.0	70.0	26.97	80.0	77.0	0
1	0	46	2.0	0	0.0	0.0	0	0	0	250.0	121.0	81.0	28.73	95.0	76.0	0
2	1	48	1.0	1	20.0	0.0	0	0	0	245.0	127.5	80.0	25.34	75.0	70.0	0
3	0	61	3.0	1	30.0	0.0	0	1	0	225.0	150.0	95.0	28.58	65.0	103.0	1
4	0	46	3.0	1	23.0	0.0	0	0	0	285.0	130.0	84.0	23.10	85.0	85.0	0

```
df.shape
```

(4240, 16)

```
df.columns
```

Index(['male', 'age', 'education', 'currentSmoker', 'cigsPerDay', 'BPMeds', 'prevalentStroke', 'prevalentHyp', 'diabetes', 'totChol', 'sysBP', 'diaBP', 'BMI', 'heartRate', 'glucose', 'TenYearCHD'], dtype='object')

● 가설설정

단순 회귀 분석은 하나의 독립변수가 수치 종속변수와의 관계를 분석하는 것을 말한다. 이번 분석에서는 나이(age)와 수축기 혈압(sysBP)의 인과 관계를 입증하고자 한다. 따라서 회귀 모델로부터 인과 관계를 입증하려는 귀무가설과 대립가설을 아래와 같이 정의할 수 있다.

- 귀무가설(Ho): 수축기 혈압(sysBP)과 나이(age) 사이에는 연관이 없다.
- 대립가설(Ha): 수축기 혈압(sysBP)과 나이(age) 사이에는 연관이 있다.

● 모델링

본 분석에서는 Statsmodels 패키지의 ols 함수를 사용하여 수행한다. 모델링은 아래와 같이 수행한다. 회귀식을 나타내는 formula 변수는 'sysBP ~ age' 와 같이 표현된다. "~"는 종속변수와 독립변수의 경계를 나타내는 표시다. 이 표시 앞에 변수 이름은 종속변수이고 이후에 나오는 변수는 독립변수를 나타낸다. 모델 학습에 쓰일 데이터셋은 Pandas 데이터 프레임 형태로 data 인자에 제공한다. 모델을 생성한 후 fit( ) 함수를 호출하여 모델에 적용한다.

```
#반드시 copy() 함수 사용
X = df[['age']].copy()
X.loc[:,'Intercept']=1
y = df['sysBP']
model = sm.OLS(y, X)
results = model.fit()
```

● 모델링 결과

모델 학습이 완료되면 results.summary( )를 실행하면 아래와 같이 모델링 결과가 출력된다. 모델링 결과가 갖는 의미를 좀 더 자세히 살펴보자.

```
results.summary()
```

결과 개요

OLS 회귀 모델링의 수행에 대한 전반적인 정보는 결과 산출물의 상단 왼쪽에
정리되어 있다.

OLS Regression Results			
Dep. Variable:	sysBP	R-squared:	0.155
Model:	OLS	Adj. R-squared:	0.155
Method:	Least Squares	F-statistic:	779.0
Date:	Wed, 22 Mar 2023	Prob(F-statistic):	1.58e-157
Time:	16:14:16	Log-Likelihood:	-18770.
No. Observations:	4240	AIC:	3.754e+04
Df Residuals:	4238	BIC:	3.756e+04
Df model:	1		
Covariance Type:	nonrobust		

Dep. Variable는 종속변수가 sysBP임을 나타낸다. Model은 회귀 분석에 사
용된 모델링 방법에 대한 정보를 제공한다. OLS는 Ordinary Least Squares의
약자다. Method는 모델 파라미터 추정을 위해 사용된 방법을 나타내는 데 Least
Squares 값을 가진다. 이것은 모델 파라미터 추정을 위해 최소자승법을 사용했다
는 것을 의미한다. Date는 분석을 실행한 날짜(e.g., Wed, 23 Nov 2022), Time은 분
석을 실행한 시간(예, 21:30:40)을 보여준다. No. Observations은 관측수로 4,240
개의 사례가 분석을 위해 사용되었음을 나타낸다. Df Residuals는 Degree of
Freedom으로 자유도를 뜻하는데, Df Residuals는 전체 표본 수에서 측정되는 변
수들(종속변수 및 독립변수)의 개수를 빼서 구한다(4240). Df Model은 독립변수의 개
수를 나타내며 단순 회귀 분석에서는 1이다. Covariance Type은 공분산 사용 유

형에 대한 정보를 제공한다. 기본적으로 OLS 결과는 이질성에 강력한 공분산(비정량 분산)을 사용하지 않는다. 이것이 분석에서 문제가 될 수 있는 경우 강력한 공분산 추정기를 사용하여 다시 수행할 수 있다.

모델 성과

OLS Regression 결과의 상단 오른쪽에서는 모델 진단 결과를 볼 수 있다.

R-squared

R^2(R-squared)은 선형 회귀 모형의 독립변수로 설명할 수 있는 종속변수의 분산 비율이다. R^2는 다음과 같이 계산한다.

$$R^2 = \frac{SS_{explained}}{SS_{total}} = \frac{SS_{total} - SS_{residual}}{SS_{total}} = 1 - \frac{SS_{residual}}{SS_{total}}$$

여기서 $SS_{explained} = \sum_{i=1}^{n} (\hat{y}_1 - \bar{y})^2$, $SS_{residual} = \sum_{i=1}^{n} (y - \hat{y}_i)^2$,

$SS_{total} = \sum_{i=1}^{n} (y_i - \bar{y})^2$ 이다.

R^2값의 범위는 0 ~ 1인데, 0은 독립변수가 종속변수를 설명할 수 없음을 나타내고, 1은 독립변수가 종속변수를 오차 없이 완벽하게 설명할 수 있음을 나타낸다. 일반적으로 모형의 독립변수가 종속변수의 변동을 잘 설명할 수 있다는 것을 의미하기 때문에 R^2 값이 높은 모형이 선호된다. R^2는 0.155이다. 이것은 결과 변동(outcome variability)의 15.5%가 모델에 의해 설명된다는 의미다.

R^2가 0.155이면 "좋은" 값인가? 이 질문에 대한 대답은 회귀 모형에 대한 목표에 따라 달라진다. 즉, 독립변수와 종속변수의 관계를 설명하는 데 관심이 있는 경우 또는 종속변수를 예측하는 데 관심이 있는 경우에 따라 다르다. 회귀 모형의 주목적이 독립변수와 종속변수의 관계를 설명하는 것이라면 R^2은 대부분 무관하다. 회귀 모형의 주목적이 독립변수를 사용하여 종속변수의 값을 정확하게 예측하는 것이라면 R^2이 중요하다. 일반적으로 R^2이 클수록 독립변수가 종속변수의 값을 더

정확하게 예측할 수 있다. 어떤 것이 "좋은" R^2으로 간주되는지 알아보려면 특정 연구 분야에서 일반적으로 허용되는 R^2 값을 탐색해야 한다. 고객 또는 회사에 대한 회귀 분석을 수행하는 경우 허용할 수 있는 R^2 값을 파악해야 한다.

Adj. R-Squared

Adj-R^2은 회귀 모형의 독립변수 수에 따라 조정되는 R^2의 수정된 버전이다. 다음과 같이 계산된다.

$$\mathrm{Adj}-R^2 = 1 - \left((1-R^2) \times \frac{(n-1)}{(n-k-1)} \right)$$

여기서:

- R^2 : 모델의 R^2
- n : 관측치 수
- k : 독립변수의 수

R^2는 모형에 독립변수를 추가할수록 항상 증가하므로 Adj-R^2는 모형의 독립변수 수에 따라 조정된 모형의 유용성을 알려주는 척도 역할을 할 수 있다. 단순 회귀 모델에서는 R^2와 Adj-R^2가 같다.

F-statistic과 Prob(F-statistic)

회귀 분석에서 전체적인 유의성에 대한 F-검정은 선형 회귀 모형이 독립변수가 없는 모형보다 데이터 집합에 더 적합한지 여부를 검정하는 것이다. 전체 유의성에 대한 F-검정에는 다음과 같은 두 가지 가설이 있다.

- 귀무가설(Ho): 독립변수가 없는 모형이 데이터를 잘 적합시킨다.
- 대립가설(Ha): 회귀 모형이 독립변수가 없는 모형보다 데이터를 더 잘 적합시킨다.

회귀 분석을 수행하면 회귀 분석 결과표가 나타나며, 이 표는 p-값과 함께 F-

통계량을 알려준다. p-값이 선택한 유의 수준(일반적인 선택 항목은 .01, .05 및 .10)보다 작으면 회귀 모형이 독립변수가 없는 모형보다 데이터를 더 잘 적합시킨다는 결론을 내릴 수 있는 충분한 증거가 있다.

F-통계량은 다음과 같은 식으로 구할 수 있다.

$$F-statistic = \frac{MSR}{MSE}$$

여기서

- MSR: Mean sum of squares regression
- MSE: Mean sum of squared error

MSR와 MSE의 개념을 아래 그림을 통해 이해해 보자. 그림에서 회귀 모형이 설명하는 분산은 모형에 대한 제곱합(sum of squares for the model) 또는 제곱합 회귀 분석(SSR; sum of squares regression)을 사용하여 표시된다. 회귀 모형에서 설명하지 않는 분산은 오차 제곱합(SSE; sum of squares for error) 또는 잔차 제곱합(sum of squares for residuals)이다.

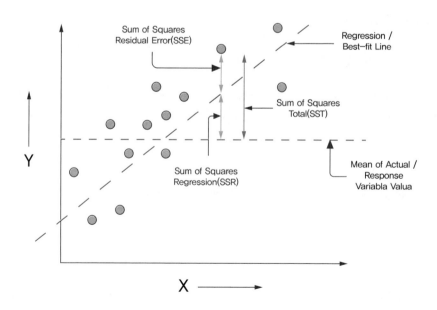

SSR과 SSE를 사용하여 f-통계량은 아래와 같이 정의할 수 있다.

$$F-\text{statistic} = \frac{(\text{SSR}/DF_{ssr})}{(\text{SSE}/DF_{sse})}$$

여기서

- DF_{ssr} : 회귀 모델의 자유도(degree of freedom for regression model). 이 값은 모수(parameters) 또는 계수(coefficients)의 수와 같다(DF_{ssr}=p).
- DF_{sse} : 오류의 자유도(degree of freedom for error). 이 값은 총 레코드 수 (N)에서 계수 수(p)를 뺀 값과 같다(DF_{sse}=N−p−1).

따라서 F-통계량 공식은 다음과 같이 쓸 수 있다.

$$F-\text{statistic} = \frac{(\text{SSR}/\text{p})}{(\text{SSE}/(\text{N}-\text{p}-1))}$$

Prob(F-statistic)는 F 통계량에 해당하는 p-값을 의미한다. Prob(F-statistic)은 0.05 보다 작기 때문에 모델을 신뢰할 수 있다는 것을 의미한다.

Log-Likelihood

회귀 모형의 로그 우도(Log-Likelihood) 값은 모형에 대한 적합도를 측정하는 방법이다. 로그 우도 값이 높을수록 모형은 데이터를 더 잘 설명한다. 주어진 모형에 대한 로그 우도 값은 음의 무한대에서 양의 무한대까지 다양할 수 있다. 주어진 모형에 대한 실제 로그 우도 값은 대부분 무의미하지만 둘 이상의 모형을 비교하는 데 유용하다. 실제로 우리는 종종 데이터셋에 여러 회귀 모델을 적합 시키고 로그 우도 값이 가장 높은 모델을 데이터셋에 가장 적합한 모델로 선택한다. 각 모형의 독립변수 수가 같은 경우에만 두 회귀 모형 간의 로그 우도 값을 비교해야 한다. 다른 두 모형을 비교할 때에, 독립변수의 수가 같다라는 가정에서 우도 비율 검정을 수행하여 두 내포 회귀 모형의 적합도를 비교할 수 있다.

◑ AIC

아카이케 정보 기준(AIC; Akaike Information Criterion)은 여러 회귀 모델의 적합도를 비교하는 데 사용되는 척도로 다음과 같이 계산한다.

$$AIC = 2k - 2\ln(\hat{L})$$

여기서

- $\hat{L}$: 로그 우도()는 모형 적합의 측도이다. 숫자가 높을수록 적합도가 높다는 것을 의미한다. 이 값은 일반적으로 통계 출력에서 얻을 수 있다. 모델의 적합성을 나타내고 모형의 추정된 파라미터의 개수를 나타낸다.
- k: 모델 파라미터의 수인데 기본값이 2이므로 독립변수가 하나만 있는 모형의 값은 2+1 = 3이 된다.

AIC는 데이터의 가장 큰 변동을 설명하는 모델을 찾는 동시에 과도한 수의 매개 변수를 사용하는 모델에 대해 불이익을 주도록 설계되었다. 여러 회귀 모델을 도출한 후에는 각 모델의 AIC 값을 비교할 수 있다. AIC가 가장 낮은 모델이 가장 적합이 잘된 모델이다. 이 모델을 기반으로 R^2값과 베타 계수(beta coefficients)를 포함한 결과를 분석하여 독립변수 집합과 종속변수 간의 정확한 관계를 확인할 수 있다.

BIC

베이지안 정보 기준(BIC; Bayesian Information Criterion)은 다른 회귀 모델의 적합도를 비교하는 데 사용되는 척도이다. 다음 공식을 사용하여 BIC를 계산한다.

$$BIC = \ln(n)k - 2\ln(\hat{L})$$

여기서:

- $\hat{L}$: 로그 우도($\hat{L}$)는 모형 적합의 측도이다. 숫자가 높을수록 적합도가 높다는 것을 의미한다. 이 값은 일반적으로 통계 출력에서 얻을 수 있다. 모델의 적합성을 나타내고 모형의 추정된 파라미터의 개수를 나타낸다.

- n: 사례 개수
- k: 모델 파라미터의 수인데 기본값이 2이므로 독립변수가 하나만 있는 모형의 k 값은 2+1 = 3이 된다.

실제로, 우리는 여러 회귀 모델을 동일한 데이터셋에 적합시키고 가장 낮은 BIC 값을 가진 모델을 데이터에 가장 적합한 모델로 선택한다. 이 모형을 최상의 모형으로 식별한 후에는 모형을 적합 시키고 R^2값과 베타 계수를 포함한 결과를 분석하여 독립변수 집합과 종속변수 간의 정확한 관계를 확인할 수 있다.

모형을 적합할 때 파라미터(속성)를 추가하여 가능성을 높일 수 있지만, 이를 통해 과적합이 발생할 수 있다. BIC는 모델의 매개 변수 수에 대한 페널티 항을 도입하여 이 문제를 해결한다. 페널티 항목은 AIC보다 BIC에서 더 크다. AIC와 BIC는 다른 관점에서 도출되지만 밀접한 관련이 있다. 유일한 차이점은 BIC가 관측치수를 고려하지만 AIC는 그렇지 않다는 것이다. BIC가 항상 AIC보다 높지만 이 두 측정값이 낮으면 좋은 모형으로 간주된다.

모델 해석

OLS 회귀 결과의 두 번째 그룹은 아래와 같이 학습된 모델을 보여준다.

	coef	std err	t	P>|t|	[0.025	0.975]
age	1.0128	0.036	27.911	0.000	0.942	1.084
Intercept	82.1420	1.826	44.992	0.000	78.563	85.721

모델 성과 평가 항목에는 계수(coef), 표준 오차(std err), t-통계량(t), p-값(P>|t|), 95% 신뢰구간의 하한(0.025)과 상한 값(0.975)([0.025 0.975])을 보여준다. 계수(coef)는 독립변수와 종속변수 간의 연관성의 수준을 나타낸다. 회귀 계수에 추정치는 표본 추출 불확실성의 영향을 받는다. 따라서, 우리는 경험적 응용에서 표본 데이터로부터 이러한 매개 변수의 실제 값을 정확하게 추정하지 않을 것이다. 그러나 절편 및 기울기 매개 변수에 대한 신뢰 수준을 평가해야 한다.

속성 age 행은 종속변수인 수축기 혈압(sysBP)과 독립변수인 나이(age) 사이의 연관성 수준을 보여주는데, age는 1.0128(coef 열)의 정의 연관(positive association)을 가진다. 추정치의 표준 편차는 표준 오차(standard error)라고 한다. 계수의 표준 오차는 모형이 계수의 알 수 없는 값을 얼마나 정확하게 예측하는지 측정한다. 계수 표준 오차는 항상 양수이다. 계수의 표준 오차를 사용하여 계수 추정치의 정확도를 측정할 수 있다. 표준 오차가 작을수록 추정치의 정확도가 높아진다. 계수를 표준 오차로 나누면 t-값이 계산된다. 이 t-통계량과 연관된 p-값이 알파 수준보다 작을 경우 계수가 0과 유의하게 다르다는 결론을 내릴 수 있다. 분석 결과에서 age 행의 표준 오차는 0.036(std err 열)으로 t 분포(t-distribution)에 대한 t-비율(t-ratio)은 27.911(t 열)이다. 이것은 0.05(P>|t| 열)보다 작은 p-값에 해당하며, 이는 계수에 대한 추정이 95% 이상의 신뢰 수준을 갖는다고 평가할 수 있게 한다.

p-값은 검정통계량이 압축적으로 담고 있던 정보를 더 압축했다. 즉, p-값은 효과의 크기(effect size)와 표본의 크기(n 수)의 정보를 한꺼번에 담고 있다. 따라서 효과의 크기가 커지거나 표본의 크기가 커지거나 둘 중 하나만 변하더라도 p-값이 변경될 수 있다. 따라서 p-값과 더불어 신뢰구간(CI: Confidence Intervals)을 사용한다. 계수에 대한 95% 신뢰 구간은 다음과 같은 두 가지 정의가 있다.

- 구간은 5% 수준의 가설 검정을 기각할 수 없는 값의 집합이다.
- 구간은 계수의 참 값을 포함할 확률이 95%이다. 따라서 추출할 수 있는 모든 표본의 95%에서 신뢰 구간은 계수의 참 값을 포함할 것이다.

따라서 계수에 대한 95% 신뢰 구간(95% CI)에 대해 ① 95% CI가 0을 포함하고 있으면, 즉 연관성이 통계적으로 유의하지 않다($p \geqq 0.05$)면, 연관성이 없다는 귀무가설을 기각할 수 없다. ② 95% CI에 0이 포함되지 않으면, 즉 연관성이 통계적으로 유의하며($p < 0.05$), 연관성 귀무가설을 기각할 수 있다. 속성 age의 계수는 CI는 [0.942, 1.084]이고, 0을 포함하고 있지 않아 연관성 귀무가설을 기각할 수 있다.

Intercept(절편) 해석

Intercept = 82.14는 절편 또는 $\beta 0$을 나타낸다. 즉, 연령=0일 때 sysBP = 82.142mmHg다. 이러한 맥락에서, $\beta 0$은 예측을 위해 사용하지만 나이(age)와 수축기 혈압(sysBP)의 연관성을 검증하는 우리의 연구 질문과는 무관하다.

회귀 모델 가정 검정

OLS 회귀 결과의 마지막 그룹은 회귀 모델이 전제로 하는 가정을 충족시키는지 여부에 대한 통계량을 제공한다. 회귀 모델은 모델의 선형성, 잔차의 정규성, 독립성, 등분산성 등을 만족하여야 하는데, 이 마지막 부분은 이에 대한 정보를 제공한다.

Omnibus:	669.703	Durbin-Watson:	1.970
Prob(Omnibus):	0.000	Jarque-Bera(JB):	1392.384
Skew:	0.944	Prob(JB):	4.44e-303
Kurtosis:	5.078	Cond. No.	295.

모델의 선형성 가정 검정

선형 회귀는 독립변수와 종속변수 사이의 관계가 선형이어야 한다. 선형 회귀 분석은 특이치 효과(outlier effects)에 민감하므로 특이치를 확인하는 것도 중요하다.

스캐터 플롯

선형성 가정은 산점도를 사용하여 가장 잘 테스트할 수 있다. 분석 모델이 선형성을 만족시키는지 확인하기 위해 Regression Plot을 작성해 보자.

```
# Regression Plot fit against one regressor
fig, ax = plt.subplots(figsize=(12, 6))
fig = sm.graphics.plot_fit(results, 0, ax=ax)
ax.set_ylabel("sysBP")
ax.set_xlabel("age")
ax.set_title("Fited sysBP and Fitte sysBP vs. Regression Plot")
plt.show()
```

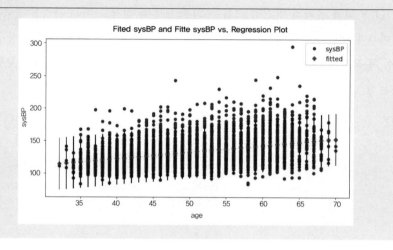

Regression Plot는 age 수준에 따른 sysBP의 실제 값과 모델에 의해 예측된 값을 보여준다. 점을 연결한 선이 회귀선이 된다. 그림에 따르면 나이가 증가함에 따라 선형적으로 증가하는 것을 알 수 있다. 일부 데이터 포인트들은 다른 것들과 상당히 떨어져 보이는 것을 알 수 있다. 이들은 잠재적인 이상치로 볼 수 있다.

하나 이상의 독립변수와 종속변수 사이에 선형 관계가 없으면 다음과 같은 몇 가지 옵션이 있다.

- 로그 또는 제곱근을 구하는 것과 같은 독립변수에 비선형 변환을 적용한다. 이것은 종종 관계를 더 선형적으로 변환할 수 있다.
- 모형에 다른 독립변수를 추가한다. 예를 들어, x 대 y의 그림이 포물선 모양이면, 모형에 추가 독립변수를 추가하는 것이 타당할 수 있다.

- 모형에서 독립변수를 제거한다. 가장 극단적인 경우 특정 독립변수와 종속변수 사이에 선형 관계가 없으면 독립변수를 모형에 포함하는 것이 유용하지 않을 수 있다.

Harvey-Collier 선형성 검정

Harvey-Collier 검정은 재귀 잔차에 대해(모수 자유도를 사용한) t-검정을 수행한다.

- 귀무가설(Ho): 회귀 분석이 선형으로 올바르게 모형화되었다.
- 대립가설(Ha): 회귀 분석이 선형으로 올바르게 모형화되지 않았다.

```
# Harvey-Collier 선형성 검정
import statsmodels.stats.api as sms
from statsmodels.compat import lzip
name = ["t value", "p value"]
test = sms.linear_harvey_collier(results)
lzip(name, test)
```
```
[('t value', -0.2458666747131729), ('p value', 0.8057973535100498)]
```

Harvey-Collier 검정을 수행해 보니 p-value가 0.8057973535099172로 0.05보다 크기 때문에 귀무가설을 기각하지 못하며 회귀 분석이 선형으로 올바르게 모형화되었다고 볼 수 없다.

잔차의 정규성 가정 검정

잔차의 정규성은 선형 회귀 모형의 주요 가정 중 하나다. 잔차가 정규 분포를 따르지 않으면 모형 추론(예: 모형 예측 및 신뢰 구간)이 유효하지 않을 수 있다. 따라서 이 가정을 확인하는 것이 중요하다. 잔차는 관측값과 예측값의 차이를 의미한다. 이론 값을 도출할 때 확률 변수 Y를 사용한다.

$$e_i = Y_i - \hat{Y}_i$$

반면에 실제 분석을 사용할 때는 관측 값 y를 사용한다.

$$e_i = y_i - \hat{y}_i$$

잔차가 특정한 패턴을 보인다면 모형에 추가해야 할 요소가 남아 있음을 의미한다. 따라서 잔차는 특정한 패턴이 없어야 한다. 잔차가 오차항의 가정을 심각하게 위반하면 통계적 추론에 문제가 발생한다.

Q-Q 플롯

잔차의 정규성을 파악하기 위해 시각화 기법을 사용할 수 있다. Q-Q 플롯 (Q-Q plot)은 모형의 잔차가 정규 분포를 따르는지 여부를 확인하는 데 사용할 수 있다. 그림의 점들이 대략적으로 직선 대각선을 형성하면 정규성 가정이 충족된다고 본다.

```
#Q-Q 플롯
def qq_plot(results, ax=None):
  influence = results.get_influence()
  residual_norm = influence.resid_studentized_internal

  if ax is None:
    fig, ax = plt.subplots(figsize=(12, 6))

  QQ = ProbPlot(residual_norm)
  QQ.qqplot(line='45', alpha=0.5, lw=1, ax=ax)

  abs_norm_resid = np.flip(np.argsort(np.abs(residual_norm)), 0)
  abs_norm_resid_top_3 = abs_norm_resid[:3]
  for r, i in enumerate(abs_norm_resid_top_3):
    ax.annotate(
      i,
      xy=(np.flip(QQ.theoretical_quantiles, 0)[r],
        residual_norm[i]), ha='right', color='C3')
```

```
ax.set_title('Normal Q-Q', fontweight="bold")
ax.set_xlabel('Theoretical Quantiles')
ax.set_ylabel('Standardized Residuals')
return ax
qq_plot(results)
```

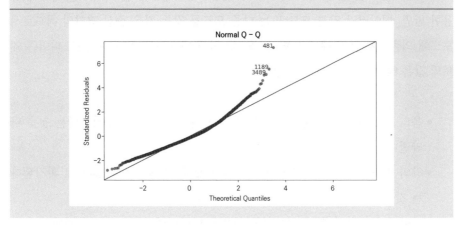

데이터 포인트의 분포가 직선 밖으로 치우처 있는 것을 볼 수 있는데 이는 잔차가 정규성을 만족한다고 볼 수 없는 것을 의미한다.

왜도와 첨도

왜도(skewness)는 분포의 비대칭에 대한 척도이다. 일반적으로 수정된 Fisher-Pearson 표준 모멘트 계수가 왜도여부를 판단하기 위해 사용되는 데 두 가지 유형이 있다.

$$Skew_1 = \frac{\overline{X} - M_o}{s}$$
$$Skew_2 = \frac{3\overline{X} - M_d}{s}$$

- $Skew_1$: 왜도의 피어슨의 첫 번째 계수
- $Skew_2$: 왜도의 피어슨의 두 번째 계수
- s : 표본의 표준 편차

- $\bar{X}$: 평균(mean)
- M_o : 모드(mode)
- M_d : 중간값(median)

Pearson의 첫 번째 왜도 계수는 데이터가 강력한 모드를 나타내는 경우에 유용한 반면, 데이터가 약한 모드 또는 다중 모드를 갖는 경우 중심 경향의 척도로서 모드에 의존하지 않기 때문에 피어슨의 두 번째 계수가 선호될 수 있다. 피어슨 왜도의 값은 양수 또는 음수일 수 있다.

- 음의 왜도는 꼬리가 분포의 왼쪽에 있고 더 음의 값으로 확장된다는 것을 나타낸다.
- 양의 왜도는 꼬리가 분포의 오른쪽에 있으며 더 많은 양의 값으로 확장된다는 것을 나타낸다.
- 값이 0이면 분포에 왜도가 전혀 없음을 나타내며, 이는 분포가 완벽하게 대칭임을 의미한다.

첨도(kurtosis)는 정규 분포에 상대적으로 분포가 무거운 꼬리인지 가벼운 꼬리인지 여부를 나타내는 척도다. 모집단 첨도와 표본 첨도는 다음과 같이 계산한다.

모집단 첨도:

$$K = n \frac{\sum\limits_{i=1}^{n} (X_i - \bar{X})^4}{(\sum\limits_{i=1}^{n} (X_i - \bar{X})^4)^2}$$

표본 첨도:

$$K = \frac{n(n+1)(n-1)\sum\limits_{i=1}^{n}(X_i - \overline{X})^4}{(n-2)(n-3)(\sum\limits_{i=1}^{n}(X_i - \overline{X})^4)^2}$$

첨도 값의 의미는 다음과 같다.

- 정규 분포의 첨도는 3다.
- 주어진 분포의 첨도가 3보다 작으면 평탄 분포(platykurtic)라고 하며, 이는 정규 분포보다 극단 특이치가 점점 더 적게 생성되는 경향이 있음을 의미한다.
- 주어진 분포의 첨도가 3보다 크면 첨예 분포(leptokurtic)라고 하며, 이는 정규 분포보다 특이치를 더 많이 생성하는 경향이 있음을 의미한다.

본 분석의 결과를 보면 왜도는 0.944로 나타나 분포가 우편향 분포임을 알 수 있다. 첨도는 5.078로 나타나 정규분포에 비해 분포가 더 높고 무거운 꼬리를 가지고 있음을 알 수 있다.

Jarque-Bera(JB)와 Prob(JB)의 잔차 정규성 검정

Jarque-Bera 검정은 표본 데이터에 정규 분포와 일치하는 왜도 및 첨도가 있는지 여부를 확인하는 적합도 검정이다. Jarque-Bera 검정의 검정 통계량은 항상 양수이며 0에서 멀리 떨어져 있으면 표본 데이터가 정규 분포를 가지지 않음을 나타낸다. 검정 통계량 JB는 다음과 같이 정의된다.

$$Jarque-Bera = \left(\frac{(n-k+1)}{6}\right) \times (S2 + (0.25 \times (C-3) \times 2))$$

- n : 표본의 관측치 수
- k : 회귀자 수(회귀의 맥락에서 사용되지 않는 경우 k=1)
- S : 표본 왜도
- C : 표본 첨도

정규성의 귀무가설에서 JB~χ^2(2)이다. Prob(JB)는 잔차가 정규 분포를 따를 확률을 나타내는 통계 검정을 수행한다. 검증을 위한 귀무가설과 대립가설은 다음과 같다.

- 귀무가설(Ho): 잔차는 정규성을 따른다.
- 대립가설(Ha): 잔차는 정규성을 따르지 않는다.

검증 결과 값을 보면 Prob(JB)는 0.05보다 작은 값을 보이면 잔차가 정규성을 따르지 않는다고 결론지을 수 있다.

```
#Jarque-Bera 잔차의 정규성 검정
name = ["Jarque-Bera", "Chi^2 two-tail prob.", "Skew", "Kurtosis"]
test = sms.jarque_bera(results.resid)
lzip(name, test)
```

[('Jarque-Bera', 1392.3844605412553), ('Chi^2 two-tail prob.', 4.441769826392101e-303),
('Skew', 0.9440480575527861), ('Kurtosis', 5.077622327297497)]

검정의 p-값(Prob(JB))은 4.44176982639109e-303으로 0.05보다 작기 때문에 귀무가설을 기각한다. 즉, 우리는 데이터셋이 정규 분포를 따르지 않는다고 말할 수 있다.

Omnibus와 Prob(Omnibus) 잔차 정규성 검정

Omnibus와 Prob(Omnibus)는 잔차가 정규 분포를 따를 확률을 나타내는 통계 검정을 수행한다. 일반적으로 Prob(Omnibus)가 0.05보다 작으면 귀무가설을 기각한다. 귀무가설을 기각함으로써 잔차가 정규 분포를 따르지 않는다고 판단할 수 있다.

- 귀무가설(Ho): 잔차가 정규 분포를 따른다.
- 대립가설(Ha): 잔차가 정규 분포를 따르지 않는다.

검증 결과 값을 보면 Prob(Omnibus)는 0.05보다 작아 잔차가 정규성을 따르지 않는다고 결론지을 수 있다.

```
#Omni 잔차의 정규성 검정
name = ["Omni", "Two-tail probability"]
test = sms.omni_normtest(results.resid)
lzip(name, test)
```

[('Omni', 669.7027003174248), ('Two-tail probability', 3.7662259222744933e-146)]

잔차의 독립성 검증

이것은 잔차가 서로 독립적이다는 가정이다($Cov(\epsilon_i,\epsilon_j)=0(i \neq j)$). 오차항이 서로 상관 관계가 있다면, 추정된 회귀식으로 설명되지 않은 부분에서 다른 어떤 관계가 있다는 것을 의미하는 것으로 이는 회귀식의 설명력을 약하게 만든다. 즉, 이 가정을 위반하면 회귀 모형에서 계수의 표준 오차가 과소평가될 가능성이 높기 때문에 독립변수가 실제로 그렇지 않은데도 통계적으로 유의한 것으로 간주될 가능성이 더 높다. 이 가정이 충족되는지 여부를 확인하는 한 가지 방법은 회귀 분석 잔차에서 자기 상관의 존재를 탐지하는 데 사용되는 Durbin-Watson 검정을 수행하는 것이다.

Durbin-Watson 검정

Durbin-Watson 검정은 다음과 같은 가설을 사용한다.
- 귀무가설(Ho): 잔차 간에는 상관 관계가 없다.
- 대립가설(Ha): 잔차는 자기 상관 관계가 있다.

일반적으로 d로 표시되는 Durbin-Watson 검정의 검정 통계량은 다음과 같이 계산된다.

$$d = \frac{\sum_{t=2}^{T} (e_t - e_{t-1})^2}{\sum_{t=1}^{T} (e_t)^2}$$

- T: 전체 관측치 개수
- e_t: 회귀모델에서 t번째 잔차

검정 통계의 범위는 항상 0 ~ 4이다.
- d = 2는 자기 상관이 없음을 나타낸다.
- d < 2는 양의 시리얼 상관 관계를 나타낸다.
- d > 2는 음의 시리얼 상관 관계를 나타낸다.

일반적으로 d가 1.5보다 작거나 2.5보다 크면 잠재적으로 심각한 자기 상관 문제가 있다. d가 1.5와 2.5 사이에 있으면 자기 상관이 문제가 되지 않는다. 분석 결과를 보면 Durbin-Watson은 1.970로 자기 상관이 없다고 결론지을 수 있다.

```
# Durbin-Watson 독립성 검증
test = sms.durbin_watson(results.resid)
print(f"Durbin-Watson: {test}")
```
```
Durbin-Watson: 1.9696191876645592
```

귀무가설을 기각하고 잔차에 자기 상관이 있고, 이 문제가 충분히 심각하다고 판단되는 경우 이 문제를 수정할 수 있는 몇 가지 다른 옵션이 있다:
- 양의 시리얼 상관 관계(positive serial correlation)에 대해서는 종속변수 및/또는 독립변수의 시차를 모형에 추가하는 것을 고려한다.
- 음의 시리얼 상관 관계(negative serial correlation)에 대해서는 변수가 너무 차이가 나지 않는지 확인한다.
- 계절 상관(seasonal correlation) 경우 계절 더미 변수를 모형에 추가하는 것을 고려한다[5].

잔차의 동분산성 검정

동분산성(homoscedasticity)은 회귀 모형에서 잔차 또는 오차항의 분산이 일정한 상태를 의미한다. 즉, 독립변수의 값이 변경되어도 오차항은 크게 변하지 않는 것을 말한다. 오차항의 크기가 독립변수의 값에 따라 다를 때 이질성(동일성 위반)이 존재한다고 한다.

이질성이 있는지 여부를 시각적으로 탐지하는 한 가지 방법은 회귀 모형의 적합치에 대한 잔차(residual plot)를 만드는 것이다. 이질성이 존재하는지 여부를 결정하는 데 사용할 수 있는 통계 테스트에는 Breusch-Pagan 테스트가 있다.

Breusch-Pagan 검정

검정에서는 다음과 같은 귀무가설과 대립가설을 사용한다.

- 귀무가설(Ho): 잔차가 동일한 분산으로 분포되어 있다.
- 대립가설(Ha): 잔차가 동일한 분산으로 분포되지 않았다.

검정의 p-값이 유의 수준(예: 0.05)보다 작으면 귀무가설을 기각하고 회귀 모형에 이질성이 있다고 결론을 내린다.

```
# Breusch-Pagan test 잔차 독립성 검증
names = ['Lagrange multiplier statistic', 'p-value',
         'f-value', 'f p-value']
test = sms.het_breuschpagan(results.resid, results.model.exog)
lzip(names, test)
```
```
[('Lagrange multiplier statistic', 164.94420228663222), ('p-value', 9.408034058505682e-38),
('f-value', 171.539621539169), ('f p-value', 1.886324982191704e-38)]
```

이 예제에서 검정에 대한 p-값은 9.408034058505682e-38이다. 이 p-값이 0.05보다 작기 때문에 귀무가설을 기각할 수 있다. 우리는 회귀 모델에 이질성이 존재한다고 말할 수 있는 충분한 증거가 있다.

이질성이 실제로 존재할 때 상황을 해결하는 세 가지 일반적인 방법이 있다:

- 종속변수를 변환한다. 이질성 문제를 해결하는 한 가지 방법은 종속변수를 어떤 식으로든 변환하는 것이다. 한 가지 일반적인 변환은 단순히 종속변수의 로그로 변환하는 것이다.
- 종속변수를 재정의한다. 이질성 문제를 해결하는 다른 방법은 종속변수를 재

정의하는 것이다. 일반적인 방법 중 하나는 원시 값이 아닌 종속변수에 대한 비율을 사용하는 것이다.

- 가중 회귀 분석을 사용한다. 이질성 문제를 해결하는 다른 방법은 가중 회귀 분석을 사용하는 것이다. 이 회귀 분석 유형은 적합치의 분산을 기반으로 각 관측치에 가중치를 할당한다. 적절한 가중치를 사용할 때, 이것은 이질성의 문제를 제거할 수 있다[6].

영향력 분석

회귀 분석에 사용되는 관측치 중에서 어떤 관측치는 모델에 영향을 많이 미칠 수 있다. 영향력 플롯은 각 관측치의 특이치성(outlyingness), 레버리지(leverage), 영향력(influence) 등을 하나의 차트로 보여주어 영향력이 큰 관측치를 찾을 수 있도록 도움을 준다. Statsmodels에서 제공하는 influence_plot 함수를 사용하여 영향력 플롯을 그려보자.

```
from statsmodels.graphics.regressionplots import influence_plot
plt.rc("figure", figsize=(16, 8))
plt.rc("font", size=14)
fig = influence_plot(results)
plt.show()
```

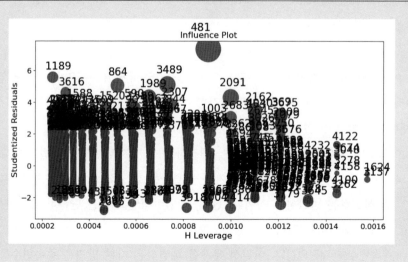

레버리지

레버리지(leverage)는 특정 관측치가 모델에 영향을 미칠 수 있는 정도를 측정한다. 오른쪽에 위치하는 관측치는 레버리지가 높은 사례에 해당한다. 예를 들어, 3137 사례는 레버리지가 가장 큰 사례다. 레버리지가 높은 관측치를 제외하고 모형에 큰 영향을 미치지 않을 수 있다. 따라서 영향도 계산이 필요하다. 레버리지는 수학적으로 영향도 행렬(influence matrix) H의 대각 성분 (h_{ii})로 정의된다. 레버리지 값은 1보다 같거나 작은 양수 혹은 0이고, 레버리지의 합은 모형에 사용된 변수의 개수 K와 같다. 변수에는 상수항도 포함되므로 상수항이 있는 1차원 모형에서는 K=2가 된다. 이 두 가지 성질로부터 레버리지 값은 N 개의 데이터에 대한 레버리지 값은 양수이고 그 합이 K가 된다는 것을 알 수 있다. 따라서 레버리지의 평균 값은 아래와 같이 정의할 수 있다.

$$h_{ii} \approx \frac{K}{N}$$

보통 이 평균값의 2 ~ 4배보다 레버리지 값이 크면 레버리지가 크다고 이야기한다.[1] Statsmodels의 선형 회귀 결과에서 get_influence 메소드를 호출하면 영향도 정보 객체를 구할 수 있다. 이 객체는 hat_matrix_diag 속성으로 레버리지 벡터의 값을 가지고 있다. 이를 활용하여 평균 레버리지를 구해보자.

```
# 래버리지 계산
influence = results.get_influence()
hat = influence.hat_matrix_diag
avg_leverage = hat.sum()/df.shape[0]
print("평균:", avg_leverage)
print("평균*3:", avg_leverage*3)
```
```
평균: 0.00047169811320754674
평균*3: 0.0014150943396226403
```

---

[1] https://datascienceschool.net/03 machine learning/05.03 레버리지와 아웃라이어.html 참조

이제 각 관찰치의 래버리지를 차트로 표시해 보자.

```python
plt.figure(figsize=(16, 6))
plt.stem(hat)
plt.axhline(0.001, c="g", ls="--")
plt.title("Leverage Values of Examples")
plt.show()
```

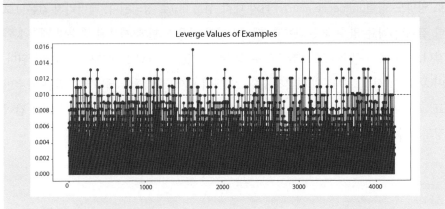

플롯에서 보는 것처럼 래버리지 평균의 3배를 넘는 관측치들이 있는데 이는 특이치일 가능성이 높다.

표준화된 잔차

Statsmodels의 결과를 사용하여 잔차에 대한 플롯은 아래와 같다.

```python
# 사례별 잔차
plt.figure(figsize=(16, 6))
plt.stem(results.resid)
plt.title("Residuals of examples")
plt.show()
```

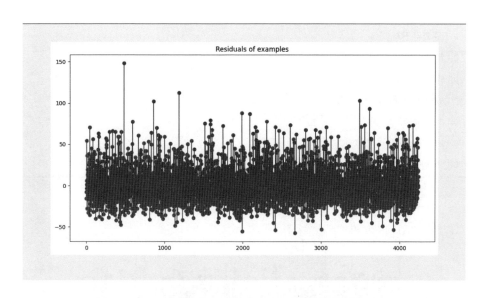

영향력 플롯에서는 그래프에는 수직 축에 표시되는 잔차를 나타낸다. 잔차의 크기는 독립변수의 영향을 받기 때문에 이 영향을 제거한 표준화된 잔차(standardized residual, normalized residual, 또는 studentized residual)를 사용해야 한다. 표준화된 잔차는 잔차를 레버리지와 잔차의 표준편차로 나누어 동일한 표준편차를 가지도록 스케일을 조정한 것이다. 표준화된 잔차는 다음과 같이 계산한다.

$$r_i = \frac{e_i}{s(e_i)} = \frac{e_i}{RSE\sqrt{1-h_{ii}}}$$

- e_i : i번째 잔차
- RSE : 모델의 잔차 표준 오류(esidual standard error of the model)
- h_{ii} : 번째 관측치의 레버리지

```
# 표준화된 잔차
plt.figure(figsize=(12, 6))
plt.stem(results.resid_pearson)
plt.axhline(3, c="g", ls="--")
plt.axhline(-3, c="g", ls="--")
plt.title("Studentized Residuals")
plt.show()
```

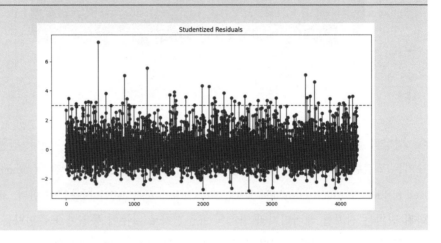

통계에서 종속변수 값이 데이터셋의 나머지 관측치보다 훨씬 큰 경우 관측치를 특이치(outlier)로 간주한다. 특이치는 데이터의 대부분에 적합된 모형과 일치하지 않는 경우다. 잔차가 큰 모든 사례가 특이치이고 모든 특이치가 나쁜 것은 아니지만 특이치를 잔차가 큰 경우(일반적으로 +/-2보다 큼)로 식별할 수 있다. 가장 흥미로운 사례 중 일부는 특이치 일 수 있다.

모든 데이터의 레버리지와 잔차를 동시에 보려면 plot_leverage_resid2 명령을 사용한다. 이 명령은 x축으로 표준화 잔차의 제곱을 표시하고 y축으로 레버리지 값을 표시한다.

```
# Leverage and Normalized Residuals Squared
from statsmodels.graphics.regressionplots import plot_leverage_resid2
fig, ax = plt.subplots(figsize=(12, 6))
fig = plot_leverage_resid2(results, ax=ax)
plt.show()
```

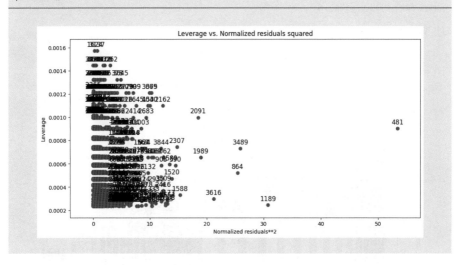

영향력

영향력(influence)은 사례의 레버리지와 잔차를 결합하여 해당 사례가 제외
될 경우 모수 추정치가 어떻게 변경되는지 측정한다. 잔차가 크고 레버리지가 높
은 관측치가 가장 큰 영향을 미친다. 이들은 변경되거나 제외될 경우 모델에 악영
향을 미쳐 모델을 덜 견고하게 만들 수 있다. 때때로 영향력 있는 관측치들의 작은
그룹이 모형의 적합에 지나치게 큰 영향을 미칠 수 있다. 플롯에서 영향력은 원의
크기로 나타낸다. 영향력을 측정하는 Cook's Distance는 다음과 같이 정의된다.

$$D_i = \frac{r_i^2}{RSS}\left[\frac{h_{ii}}{(1-h_{ii})^2}\right]$$

- r_i : i 번째 표준화된 잔차
- RSE : 모델의 잔차 표준 오류(esidual standard error of the model)

- h_{ii} : i 번째 관측치의 레버리지

influence_plot 명령을 사용하면 Cook's distance를 버블 크기로 표시한다.

```
from statsmodels.graphics.regressionplots import influence_plot
plt.rc("figure", figsize=(12, 6))
plt.rc("font", size=14)
fig = influence_plot(results)
plt.show()
```

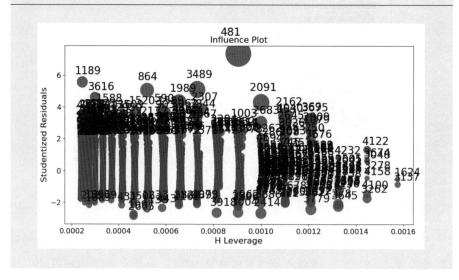

영향력 플롯을 보면 481번, 3489, 2091, 864 같은 관측치가 가장 큰 영향력을 갖는 것으로 보인다.

Fox는 Cook's Distance가 다음과 같은 기준값보다 클 때 아웃라이어로 판단하자고 제안하였다.

$$D_i > \frac{4}{N-K-1}$$

Fox의 제안에 따라 특이치를 차트로 나타내 보자.

```
from statsmodels.graphics import utils

cooks_d2, pvals = influence.cooks_distance
K = influence.k_vars
fox_cr = 4 / (len(y) - K - 1)
idx = np.where(cooks_d2 > fox_cr)[0]

ax = plt.subplot()
plt.rc("figure", figsize=(12, 6))
plt.scatter(X0, y)
plt.scatter(X0[idx], y[idx], s=300, c="r", alpha=0.5)
utils.annotate_axes(range(len(idx)), idx,
                list(zip(X0[idx], y[idx])), [(-20, 15)] * len(idx), size="small", ax=ax)
plt.title("Outliers by Fox Recommendaion")
plt.show()
```

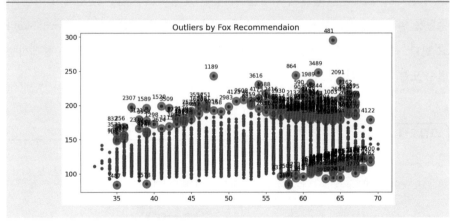

특이치인 관측치가 있는 경우 어떻게 처리할까? 다음과 같은 몇 가지 작업을
수행할 수 있다.

- 첫째, **관찰 결과가 오류가 아닌지 확인한다.** 조치를 취하기 전에 먼저 영향력
  있는 관측치가 데이터 입력 오류 또는 기타 이상한 발생의 결과가 아님을 확
  인해야 한다.
- 둘째, **다른 회귀 모형에 적합하려고 한다.** 영향력 있는 관측치는 지정한 모형

이 데이터에 대해 잘 적합되지 않음을 나타낼 수 있다. 이 경우 다항식 회귀 모형 또는 비선형 모형을 시도할 수 있다.

- 셋째, **영향력 있는 관측치를 제거한다**. 즉, 하나 또는 두 개의 영향력 있는 관측치를 제외하고 지정한 모형이 데이터에 잘 적합되는 경우 영향력 있는 관측치를 제거하기로 결정할 수 있다.

 ## 다중 회귀 분석

우리의 관심은 나이가 혈압에 영향을 미치는 것을 증명하는 것이 목표다. 문제는 독립변수 이외에도 다른 변수들도 영향을 미칠 수 있다는 점이다. 예를 들어, 나이가 혈압에 영향을 미칠 뿐 아니라 성별, 교육수준, 흡연 횟수, 고혈압약 복용 여부, 총콜레스테롤 등은 혈압에 영향을 미칠 수 있다. 연구자들은 실험에서 이런 변수들을 일정하게 유지하거나 통제하고자 하기 때문에 통제변수(control variable)라고 한다. 즉, 통제변수는 연구자들이 연구 결과에 영향을 미치지 않도록 통제하는 변수 또는 요소이다.

그림 2-1 \ 다중 회귀 모형

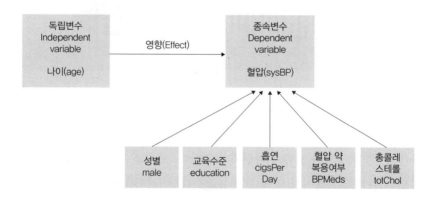

일반적인 연구 설계에서는 독립변수가 종속변수에 미치는 영향을 측정한다. 이 작업이 제대로 수행되려면 외부 변수 또는 표준화된 변수를 통제하는 것이 중

요하다. 다른 말로 변수를 통제하여 연구의 독립변수와 종속변수 사이에 인과 관계가 존재한다는 내적 타당성(internal validity)을 높이는 것이 필요하다.

데이터 로딩과 전처리

다중 회귀 분석을 위해 데이터를 준비해 보자. 먼저 분석에 필요한 패키지들을 가져오자.

```
import numpy as np
import pandas as pd
import statsmodels.api as sm
import statsmodels.formula.api as smf
from statsmodels.graphics.gofplots import ProbPlot
import matplotlib.pyplot as plt
```

데이터 로딩

Pandas의 read_csv( ) 함수를 사용하여 데이터를 로딩해 보자.

```
path = "D:/python_project/causal_inference/dataset/"
df = pd.read_csv(path+"framingham.csv")


df.head()
```

	male	age	education	currentSmoker	cigsPerDay	BPMeds	prevalentStroke	prevalentHyp	diabetes	totChol	sysBP	diaBP	BMI	heartRate	glucose	TenYearCHD
0	1	39	4.0	0	0.0	0.0	0	0	0	195.0	106.0	70.0	26.97	80.0	77.0	0
1	0	46	2.0	0	0.0	0.0	0	0	0	250.0	121.0	81.0	28.73	95.0	76.0	0
2	1	48	1.0	1	20.0	0.0	0	0	0	245.0	127.5	80.0	25.34	75.0	70.0	0
3	0	61	3.0	1	30.0	0.0	0	1	0	225.0	150.0	95.0	28.58	65.0	103.0	1
4	0	46	3.0	1	23.0	0.0	0	0	0	285.0	130.0	84.0	23.10	85.0	85.0	0

우리는 전체 변수를 다 분석에 사용하지는 않는다. 분석에 사용할 변수는 다음과 같다.

- 종속변수: 혈압(sysBP)
- 독립변수: 나이(age), 성별(male), 교육(education), 하루 흡연 횟수(cigsPer-

Day), 고혈압약 복용 여부(BPMeds), 총콜레스테롤(totChol)

전체 변수에서 위에서 사용하는 변수를 선택해 보자.

```
data=df[['age', 'male', 'education', 'cigsPerDay', 'BPMeds', 'totChol', 'sysBP']]
```

결측치 처리

선형 회귀 알고리즘은 결측값(missing values)을 처리할 수 없다. 데이터셋(data)에 결측값이 있는지 확인해 보자.

```
print(data.isna().sum())
print(data.shape)
```

```
age              0
male             0
education      105
cigsPerDay      29
BPMeds          53
totChol         50
sysBP            0
dtype: int64
(4240, 7)
```

전체 데이터 개수는 4240인데, 전체 변수 중에서 education (105), cigsPerDay(29), BPMeds(53), totChol(50) 등이 결측치를 가지고 있는 것을 확인할 수 있다. 결측값은 적절한 값으로 대치할 수 있으나, 여기에서는 결측값이 있는 행을 단순히 제거한 후 분석을 수행할 것이다.

```
data = data.dropna(axis = 0, how ='any')
print(data.isna().sum())
print(data.shape)
```

```
age            0
male           0
education      0
cigsPerDay     0
BPMeds         0
totChol        0
sysBP          0
dtype: int64
(4007, 7)
```

범주형 변수 변환

독립변수 중에서 education은 범주형 변수(categorical variable)로 값은 1, 2, 3, 4로 표현되어 있지만 각 값은 아래와 같은 의미를 지니기 때문에 범주형 변수다.

- 1 = 고등학교 수료(some high school)
- 2 = 고등학교 또는 검정고시(high school or GED)
- 3 = 일부 대학 또는 직업 학교 (some college or vocational school)
- 4 = 대학(college)

회귀 모델링을 위해서는 수치 유형으로 변환을 해주어야 하는 데 일반적으로 더미 코딩(dummy coding)을 사용한다. 더미 코딩하는 방법은 다음과 같다. 범주 속성 값으로 더미 변수를 생성하고, 속성 값에 해당되는 것은 1 아니면 0을 입력한다.

표 2-2 더미 코딩 예시

사례	Favourite class	Dummy variable			
		1	2	3	4
1	1	1	0	0	0
2	2	0	1	0	0
3	2	0	1	0	0
4	3	0	0	1	0
5	4	0	0	0	1

회귀 분석에서는 생성된 더미변수를 모두 사용하지는 않는다. 이렇게 하면 회귀 분석에 중복 정보가 제공되고 다중 공선성이 발생하며 모형이 손상된다. 이것은 우리가 하나의 범주를 빼야 한다는 것을 의미하며, 우리는 이 누락된 범주를 참조 범주(reference category)라고 부른다. 참조 범주를 사용하면 해당 범주를 참조하여 모든 해석이 수행된다. 기본적으로 인덱스가 가장 낮은 범주(이 경우 1, some high school)가 참조 범주가 된다.

Pandas에서 제공하는 get_dummies( ) 함수를 사용하여 education 변수의 더미코딩을 수행해 보자.

```
data = data.astype({'education':int})
education_d = pd.get_dummies(data['education'], prefix='education', drop_first=True)
education_d.head()
```

	education_2	education_3	education_4
0	0	0	1
1	1	0	0
2	0	0	0
3	0	1	0
4	0	1	0

더미 코딩 후에 생성된 데이터는 기존 데이터셋에 결합해 주어야 한다. Pandas의 merge( )함수를 사용하여 결합된 데이터를 생성하였다.

```
data = pd.merge(left=data, right=education_d, how="left", on=[data.index, education_d.index],
sort=False)
data.head()
```

	key_0	key_1	age	male	education	cigsPerDay	BPMeds	totChol	sysBP	education_2	education_3	education_4
0	0	0	39	1	4	0.0	0.0	195.0	106.0	0	0	1
1	1	1	46	0	2	0.0	0.0	250.0	121.0	1	0	0
2	2	2	48	1	1	20.0	0.0	245.0	127.5	0	0	0
3	3	3	61	0	3	30.0	0.0	225.0	150.0	0	1	0
4	4	4	46	0	3	23.0	0.0	285.0	130.0	0	1	0

이제 데이터셋을 X(독립변수)와 y(종속변수)로 구분하자. 분석에 필요없는 변수 (key_0, key_1, education)들은 제거하였다.

```
y = data['sysBP']
X = data.drop(['key_0','key_1', 'education', 'sysBP'], axis=1)
X.head()
```

	age	male	cigsPerDay	BPMeds	totChol	education_2	education_3	education_4
0	39	1	0.0	0.0	195.0	0	0	1
1	46	0	0.0	0.0	250.0	1	0	0
2	48	1	20.0	0.0	245.0	0	0	0
3	61	0	30.0	0.0	225.0	0	1	0
4	46	0	23.0	0.0	285.0	0	1	0

◑ 모델링

Statsmodels 패키지의 OLS 함수를 사용하여 모델링 작업을 수행해보자.

```
#모델링
model = sm.OLS(y, X)
results = model.fit()
results.summary()
```

◑ 모델링 결과

결과 개요

OLS 회귀 결과가 단순 회귀 분석과 다른 점만 살펴보자. No. Observations 은 관측수로 4,007로 233개의 사례가 적은 것을 알 수 있다. 왜 그럴까? 이유는 233명의 환자(4,240-4,007)가 모형의 속성(변수)에서 적어도 하나의 결측치를 가지고 있었기 때문이다. 전통적인 OLS는 결측치가 없는 완전한 데이터에서만 실행할 수 있다. 즉, 한 관측치(행)에 하나 이상의 속성에 대한 결측값이 있을 때마다 이 행이 모형에 추가되지 않는다. DF Residuals는 3,998로 전체 표본 수에서 측정되는 변수들(종속변수 및 독립변수)의 개수를 빼서 구한다. Df Model은 독립변수의 개수를 나타내며 이번 분석에서는 8개의 변수가 사용되었음을 나타낸다.

	OLS Regression Results		
Dep. Variable:	sysBP	R-squared(uncentered):	0.973
Model:	OLS	Adj. R-squared(uncentered):	0.973
Method:	Least Squares	F-statistic:	1.809e+04
Date:	Fri, 24 Mar 2023	Prob(F-statistic):	0.00
Time:	12:08:49	Log-Likelihood:	-18070.
No. Observations:	4007	AIC:	3.616e+04
Df Residuals:	3999	BIC:	3.621e+04
Df model:	8		
Covariance Type:	nonrobust		

모델 성과

모델의 적합성을 나타내는 R²와 Adj - R²는 각각 0.213과 0.212로 단순 회귀 분석의 결과보다 약간 개선된 것을 알 수 있다. F-statistic은 135.4로 단순 회귀 분석(F-statistic = 779.0)보다 개선되어 나타났다. 그러나 Prob(F-statistic)은 9.75e-202로 변화에 의미가 없었다. 마찬가지로 모델의 적합성을 나타내는 AIC와 BIC 도 크게 변동이 없다.

모델 해석

결과의 중간 부분은 모델에 대한 설명을 제공한다.

	coef	std err	t	P>|t|	[0.025	0.975]
age	1.7057	0.033	51.547	0.000	1.641	1.771
male	2.1107	0.750	2.813	0.005	0.640	3.582
cigsPerDay	0.1463	0.031	4.716	0.000	0.085	0.207
BPMeds	20.6553	2.070	9.979	0.000	16.597	24.714
totChol	0.1735	0.007	24.322	0.000	0.160	0.187
education_2	6.6291	0.816	8.124	0.000	5.029	8.229
education_3	2.6864	0.998	2.691	0.007	0.729	4.644
education_4	1.9019	1.153	1.650	0.099	−0.358	4.162

먼저 나이(age)에 대한 모델링 결과를 검토해 보자. 독립변수 나이(age)와 혈압(sysBP)의 가설은 다음과 같이 변경하였다.

- 귀무가설(Ho): 모집단에서 나이를 제외한 성별(male), 교육(education), 흡연횟수(cigsPerDay), 혈압 약 복용여부(BPMeds) 섭취 및 총콜레스테롤(totChol)을 통제했을 때, 나이(age)와 혈압(sysBP) 사이에 선형 연관이 없다.
- 대립가설(Ha): 모집단에서 나이를 제외한 성별(male), 교육(education), 흡연횟수(cigsPerDay), 혈압 약 복용여부(BPMeds) 섭취 및 총콜레스테롤(totChol)을 통제했을 때, 나이(age)와 혈압(sysBP) 사이에 선형 연관이 있다.

검증 결과(p-value)는 0.000로 0.05보다 작기 때문에 귀무가설을 기각한다. 즉 성별(male), 교육(education), 흡연횟수(cigsPerDay), 혈압 약 복용여부(BPMeds) 섭취 및 총콜레스테롤(totChol)을 통제할 때 나이(age)과 혈압(sysBP) 사이에 선형적 연관성이 있음을 의미한다. 계수에 따르면 나이(age)가 1단위 증가할 때마다 혈압(sysBP)은 +1.7057 mmHg 증가한다.

통제변수들의 인과 효과를 검토해 보자. 통제변수는 독립변수에는 영향을 미치지 않고 종속변수의 수준에 영향을 미칠 수 있느냐는 측면에서 검증해야 한다.

성별(male). male=0은 여성 환자, male=1은 남성 환자를 의미한다. 성별과 관련된 가설은 다음과 같다.

- 귀무가설(Ho): 모집단에서 교육(education), 흡연횟수(cigsPerDay), 혈압 약 복용여부(BPMeds) 섭취 및 총콜레스테롤(totChol)할 때, 혈압에 대해 남성과 여성 사이에 차이가 없다.
- 대립가설(Ha): 모집단에서 교육(education), 흡연횟수(cigsPerDay), 혈압 약 복용여부(BPMeds) 섭취 및 총콜레스테롤(totChol)을 통제할 때, 혈압에 대해 남성과 여성 사이에 차이가 있다.

검증 결과 베타 계수는 2.1107로 95% CI 구간 [0.640 3.582]에 포함된다. 또한 p-value가 0.005로 0.05보다 작기 때문에 Ho을 기각할 수 있다. 따라서 성별 차이가 나이(age)와 혈압(sysBP)의 관계에 차이를 만든다고 볼 수 있다.

흡연횟수(cigsPerDay). 흡연횟수의 계수는 0.1463이고, p-값은 0.000으로 귀무가설을 기각한다. 따라서, 흡연횟수에 따라 나이(age)가 혈압(sysBP)의 관계에 영향을 미친다고 볼 수 있다.

혈압 약 복용 여부(BPMeds). 혈압 약 복용 여부의 계수는 20.6553이고 p-값은 0.000으로 귀무가설을 기각한다. 따라서, 혈압 약 복용 여부에 따라 나이(age)가 혈압(sysBP)의 관계에 차이를 만든다고 볼 수 있다.

총콜레스테롤(totChol). 총콜레스테롤의 계수는 0.1735이고 p-value는 p-값은 0.000로 귀무가설을 기각한다. 따라서 총콜레스테롤 수준은 나이(age)가 혈압(sysBP)의 관계에 차이를 만든다고 볼 수 있다.

다항 범주 속성인 교육(education)의 모델링 결과를 보자. 결과를 보면 education=1이 빠져있는 것을 알 수 있다. 왜 그럴까? 그 이유는 다른 모든 범주가 기준 범주(reference category, 교육=1)와 비교되기 때문이다. 모형에 남아 있는 모든 범주는 기준 범주(reference category)와 비교된다. 그러면 어떻게 교육계수를 읽을 수 있을까?

교육의 경우 첫 번째 행, 즉 education=2을 먼저 보자.

- 귀무가설(Ho): 모집단에서 성별(male), 흡연횟수(cigsPerDay), 혈압 약 복용여부(BPMeds) 섭취 및 총콜레스테롤(totChol)을 통제할 때 혈압(sysBP)에 대한 평균값이 "some high school"(education=1)와 "high school"(education=2)인 학생 사이에 차이가 없다.

- 대립가설(HA): 모집단에서 성별(male), 흡연횟수(cigsPerDay), 혈압 약 복용여부(BPMeds) 섭취 및 총콜레스테롤(totChol)을 조절할 때 혈압(sysBP)에 대한 평균값이 "some high school"(education=1)와 "high school"(education=2)인 학생 사이에 차이가 있다.

계수 값은 6.6291이고 p-값이 0.000이기 때문에 0.05보다 작다. 따라서 귀무가설을 기각한다.

education=3(Some College or Vocational School)인 경우에 계수 값은 2.6864이고 p-값은 0.000이다. 그러나 education=4(College)인 경우에는 계수는 1.9019이지만, p-값은 0.099로 귀무가설을 기각할 수 없다.

이제 이 분석의 결론을 내릴 수 있다. "혈압(sysBP)과 나이(age) 사이에 연관이 있습니까?"란 질문에 어떻게 답을 할 수 있을까? 우리는 확실하게 나이와 수축기 혈압 사이에는 가능한 관련 교란 인자의 효과를 고려하더라도 통계적으로 유의한 양의 연관성이 있다고 결론지을 수 있다. 독립변수와 종속변수 이외에 성별(male), 교육(education), 흡연횟수(cigsPerDay), 혈압 약 복용여부(BPMeds) 섭취 및 총콜레스테롤(totChol) 등의 통제 변수는 독립변수와 종속변수 간의 관계에 영향을 미친다고 볼 수 있다.

회귀 모델 가정 검정

다중 회귀 모델은 단순 회귀 모델과 동일하게 모델의 선형성, 잔차의 정규성, 잔차의 독립성, 잔차의 등분산성 등의 가정을 충족해야 한다. 회귀 모델 요약에는 단순 회귀 분석과 동일한 통계량이 제시되며, 단순 회귀 분석에서 설명한 대로 해석을 할 수 있다.

(1) 단순 회귀 분석 결과

Omnibus:	669.703	Durbin-Watson:	1.970
Prob(Omnibus):	0.000	Jarque-Bera(JB):	1392.384
Skew:	0.944	Prob(JB):	4.44e-303
Kurtosis:	5.078	Cond. No.	295.

(2) 다중 회귀 분석 결과

Omnibus:	652.299	Durbin-Watson:	1.983
Prob(Omnibus):	0.000	Jarque-Bera(JB):	1444.451
Skew:	0.945	Prob(JB):	0.00
Kurtosis:	5.253	Cond. No.	1.96e+03

다중 회귀 모델은 위에서 논의했던 단순 회귀 분석의 가정들 이외에 다수의 독립변수가 있기 때문에 다중 공선성이 없어야 한다는 가정이 추가된다. 먼저 다중 공선성 검정에 사용할 수 있는 방법에 대해 학습해 보자.

다중 공선성 검정

회귀 분석의 다중 공선성(multicollinearity)은 두 개 이상의 독립변수가 서로 높은 상관 관계가 있을 때 발생한다. 독립변수 간의 상관 관계가 높으면 회귀 모형에는 적합하지만 분석 결과를 해석할 때 문제가 발생할 수 있다. 일반적으로 다중 공선성은 두 가지 유형의 문제를 야기한다.

- 모형의 계수 추정치(그리고 계수의 부호까지)는 모형에 포함된 다른 독립변수에 따라 크게 변동할 수 있다.
- 계수 추정치의 정밀도가 감소하므로 p-값을 신뢰할 수 없다. 따라서 어떤 독립변수가 실제로 통계적으로 유의한지 확인하기 어렵다.

다중 공선성을 체크하는 방법에는 여러가지가 있으며, 다음의 3가지가 대표적인 방법이다.
- 상관 행렬(correlation matrix)
- Variance Inflation Factors(VIF)
- Eigenvalues와 Condition Index

상관 행렬

상관 행렬(또는 상관 그래프)은 여러 연속형 변수 간의 상관 관계를 시각화한다. 상관 범위는 항상 -1과 +1 사이이며, 여기서 -1은 완벽한 음의 상관 관계, +1은 완벽한 양의 상관 관계를 나타낸다. -1 또는 +1에 가까운 상관 관계는 다중 공선성의 존재를 나타낼 수 있다. 경험적으로 두 변수(독립변수) 간의 상관 관계가 -0.9 보다 작거나 +0.9보다 크면 다중 공선성을 의심할 수 있다.

```
#상관형렬
corr_matrix = np.corrcoef(X.T)
corr_matrix.round(decimals=3)
```

```
array([[ 1.   , -0.021, -0.189,  0.129,  0.267, -0.178, -0.035, -0.062],
       [-0.021,  1.   ,  0.327, -0.051, -0.068, -0.047, -0.094,  0.11 ],
       [-0.189,  0.327,  1.   , -0.045, -0.026,  0.044, -0.038,  0.015],
       [ 0.129, -0.051, -0.045,  1.   ,  0.085,  0.007, -0.015, -0.003],
       [ 0.267, -0.068, -0.026,  0.085,  1.   , -0.021,  0.003, -0.016],
       [-0.178, -0.047,  0.044,  0.007, -0.021,  1.   , -0.295, -0.238],
       [-0.035, -0.094, -0.038, -0.015,  0.003, -0.295,  1.   , -0.161],
       [-0.062,  0.11 ,  0.015, -0.003, -0.016, -0.238, -0.161,  1.   ]])
```

상관 계수를 히트맵을 사용하여 표시하여 보자.

```
# Hitmap of correlation coefficient
corr_matrix = np.corrcoef(X.T)
fig, ax = plt.subplots(figsize=(12, 6))
fig = smg.plot_corr(corr_matrix.round(decimals=3), xnames=X.columns, ax=ax)
fig.tight_layout(pad=1.0)
plt.show()
```

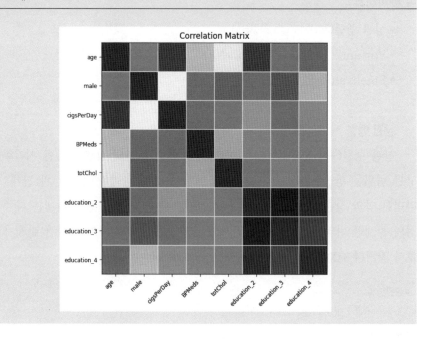

상관 행렬 확인 결과 상관계수가 특이하게 높은 경우는 발견할 수 없었다. 따라서 다중 공선성이 있을 가능성이 낮은 것으로 결론지을 수 있다.

Variance Inflation Factors

다중 공선성을 탐지하는 가장 일반적인 방법은 회귀 모형에서 독립변수 간의 상관 관계와 상관 강도를 측정하는 분산 팽창 계수(VIF)를 사용하는 것이다. VIF를 계산하려면 공차(tolerance)에 대해 알아야 한다. 공차는 Tolerance = 1 - R^2로 계산된다. 공차는 다른 독립변수가 설명할 수 없는 독립변수의 분산 백분율을 측정한다. 따라서 공차가 낮으면 다른 독립변수가 관심 있는 독립변수의 값의 증가 또는 감소를 설명할 수 있다. 따라서 변수는 상관 관계가 있으므로 다중 공선성이 존재할 수 있다. VIF는 다른 독립변수 간의 공선성으로 인한 독립변수 계수의 인플레이션을 측정한다. VIF는 $1/(1 - R^2) = 1 / Tolerance$로 계산한다. Statsmodels의 variance_inflation_factor 함수를 활용하여 VIF를 측정할 수 있다.

```
# VIF 계산
from statsmodels.stats.outliers_influence import variance_inflation_factor

def calc_vif(X):
    # Calculating VIF
    vif = pd.DataFrame()
    vif["variables"] = X.columns
    vif["VIF"] = [variance_inflation_factor(X.values, i) for i in range(X.shape[1])]
    return(vif)

calc_vif(X)
```

	variables	VIF
0	age	22.841087
1	male	2.013596
2	cigsPerDay	1.773833
3	BPMeds	1.043532
4	totChol	24.358709
5	education_2	1.672489
6	education_3	1.374159
7	education_4	1.264047

VIF 값은 어떻게 해석할까? VIF 값은 1에서 시작하며 상한은 없다. VIF를 해석하기 위한 일반적인 경험치는 다음과 같다.

- 값이 1이면 주어진 설명 변수와 모형의 다른 설명 변수 사이에 상관 관계가 없음을 나타낸다.
- 1과 5 사이의 값은 주어진 설명 변수와 모형의 다른 설명 변수 사이의 중간

정도의 상관 관계를 나타내지만, 이는 주의를 요할 정도로 심각하지 않은 경우가 많다.

- 값이 5보다 크면 주어진 설명 변수와 모형의 다른 설명 변수 사이에 잠재적으로 심각한 상관 관계가 있음을 나타낸다. 이 경우 회귀 분석 출력의 계수 추정치와 p-값을 신뢰할 수 없다.

우리의 회귀 모델에서 독립변수에 대한 각 VIF 값을 보면 다른 변수들은 VIF 값이 크지 않지만, 나이(age)와 총콜레스테롤(totChol)은 각각 22.841087과 24.358709로 높아 다중 공선성이 의심된다고 볼 수 있다.

Eigenvalues와 Condition Index

조건 지수(CI; Condition Index)는 분산 인플레이션 요인(VIF)이 다중 공선성을 검사하기 위한 대안이다. 다중 공선성을 탐지하기 위해 조건 번호(condition number), 즉, 가장 큰 조건 지수를 사용한다. 경험적으로 10에서 30 사이의 조건 번호는 다중 공선성이 있음을 나타낸다. 30보다 큰 값은 문제가 있다. 큰 분산 부분(0.50 이상)과 함께 높은 조건 수는 다중 공선성을 나타내는 강력한 지표다.

```
np.linalg.cond(results.model.exog)
```
```
1463.1014132664557
```

위 계산 값에 따르면 조건 번호가 매우 큰 수준으로 나타난다. 다중 공선성을 의심할 수 있다. 그러나 다른 지표들과 반대되는 결과로 이것으로 결정을 내리긴 어려울 것 같다.

다중 공선성을 수정해야 할 경우 다음과 같은 일반적인 해결 방법을 사용할 수 있다.

- **상관 관계가 높은 변수를 하나 이상 제거한다.** 이 방법은 대부분의 경우 가장 빠른 수정 방법이며 제거하려는 변수가 중복되고 모델에 고유하거나 독립적인 정보를 거의 추가하지 않기 때문에 종종 허용되는 해결책이다.

- 독립변수를 한 가지 방법에서 더하거나 빼는 등의 방법으로 선형적으로 결합한다. 이렇게 하면 두 변수의 정보를 포함하는 하나의 새 변수를 만들 수 있으며 다중 공선성 문제가 더 이상 발생하지 않는다.
- 주성분 분석(principal component analysis) 또는 부분 최소 제곱(PLS; partial least squares) 회귀 분석과 같이 상관 관계가 높은 변수를 고려하도록 설계된 분석을 수행한다. 이러한 기법은 상관 관계가 높은 독립변수를 처리하도록 특별히 설계되었다.

회귀 진단 관련 시각화

다중 회귀 관련 회귀 진단을 위한 시각화는 독립변수가 여러 개가 있고, 서로 영향을 줄 수 있기 때문에 쉽지 않다. 다중 회귀 진단관련 시각화 방법에는 부분 회귀 플롯, 부분 잔차 플롯, CCPR 플롯 등이 있다.

부분 회귀 플롯

단순 회귀 모델에서는 선형성 판별을 위해 스케터 플롯을 사용하였다. 그러나 다중 회귀 분석의 경우 한 독립변수와 종속변수 간의 관계가 다른 독립변수에 영향을 받기 때문에 사용할 수 없다. 대신에 우리는 부분 회귀 플롯(Partial Regression Plot)을 사용하여 이를 검토하는 데 사용할 수 있다.

부분 회귀 분석 플롯에서 종속변수와 k-번째 독립변수 사이의 관계를 식별하기 위해 종속변수 X_k와 이를 제외한 독립변수(X_{-k})를 회귀 분석하여 잔차를 계산한다. 부분 회귀 플롯은 전자 대 후자 잔차의 그림이다. 이 그림에서 주목할 만한 점은 적합선이 기울기 β_k와 절편 θ라는 것이다. 이 그림의 잔차는 전체 X인 원래 모형의 최소 제곱 적합치 잔차와 동일하다. 개별 데이터 값이 계수 추정에 미치는 영향을 쉽게 식별할 수 있다.

아래 코드는 나이(age)와 수축기혈압(sysBP) 간의 Partial Regression Plot이다. 그림을 통해 우리는 두 변수 간에 선형 관계가 있다고 판단할 수 있다. 바깥 쪽에 있는 데이터 포인트(예, 456, 1125 등)은 아웃라이어로 볼 수 있다.

```
from statsmodels.graphics.regressionplots import plot_partregress
fig, ax = plt.subplots(figsize=(12, 6))
fig = plot_partregress("sysBP", "age", ["male","cigsPerDay","BPMeds", "totChol", "education_2",
"education_3", "education_4"], data=data, ax=ax)
fig.tight_layout(pad=1.0)
plt.show()
```

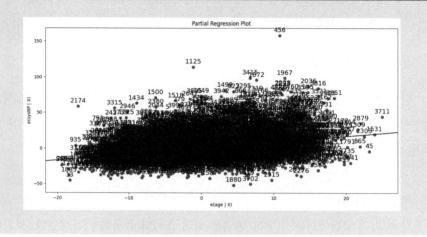

아래 코드는 총콜레스테롤(totChol)과 수축기혈압(sysBP) 간의 Partial Regres-sion Plot이다. 그림을 통해 우리는 두 변수 간에 선형 관계가 있다고 판단할 수 있다. 바깥 쪽에 있는 관측치(예, 456, 1125 등)는 아웃라이어로 볼 수 있다.

```
from statsmodels.graphics.regressionplots import plot_partregress
fig, ax = plt.subplots(figsize=(12, 6))
fig = plot_partregress("sysBP", "totChol", ["age", "male", "BPMeds", "cigsPerDay", "education_2",
"education_3", "education_4"], data=data, ax=ax)
fig.tight_layout(pad=1.0)
plt.show()
```

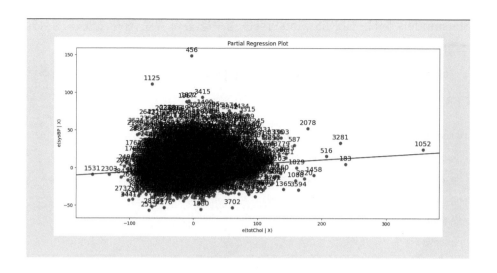

부분 잔차 플롯

단일 독립변수를 사용하여 선형 회귀 분석을 수행하는 경우 독립변수에 대한 종속변수의 산점도를 통해 관계의 특성을 잘 알 수 있다. 독립변수가 둘 이상이면 상황이 더 복잡해진다. 각 독립변수에 대해 종속변수의 산점도를 생성하는 것이 여전히 유용할 수 있지만 모형의 다른 독립변수의 효과는 고려하지 않는다.

부분 잔차 플롯은 주어진 독립변수와 다른 독립변수도 모형에 있다는 점에서 종속변수 사이의 관계를 표시하려고 한다[7, 8]. 부분 잔차 플롯은 다음과 같이 형성된다.

$$Residuals + \hat{\beta}_i X_i \; vs. \; X_i$$

- Residuals = 전체 모형의 잔차
- $\hat{\beta}_i$ = 완전 모형의 i번째 독립변수로부터의 회귀 계수
- X_i = i번째 독립변수

부분 잔차 그림은 회귀 진단 문헌에 많이 사용된다. 종종 유용할 수 있지만 적절한 관계를 표시하지 못할 수도 있다. 특히 X_i가 다른 독립변수와 상관 관계가 높은 경우 부분 잔차 플롯에서 나타내는 분산이 실제 분산보다 훨씬 작을 수 있다[9].

Statsmodels에서는 CERES plots이라는 함수를 통해 부분 잔차 플롯을 생성할 수 있도록 지원한다[10].

아래 그림은 분석에서 구축된 모델을 사용하여 나이(age)변수를 포커스 변수로 CERES 플롯을 만든 결과를 보여준다.

```python
# Conditional Expectation Partial Residuals (CERES) plot
from statsmodels.graphics.regressionplots import plot_ceres_residuals
fig, ax = plt.subplots(figsize=(12, 6))
fig = plot_ceres_residuals(results, "age", ax=ax)
fig.tight_layout(pad=1.0)
plt.show()
```

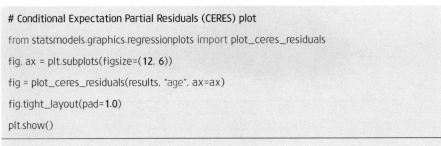

아래 그림은 분석에서 구축된 모델을 사용하여 총콜레스테롤(totChol) 변수를 포커스 변수로 CERES 플롯을 만든 결과를 보여준다.

```python
# Conditional Expectation Partial Residuals(CERES) plot
from statsmodels.graphics.regressionplots import plot_ceres_residuals
fig, ax = plt.subplots(figsize=(12, 6))
fig = plot_ceres_residuals(results, "totChol", ax=ax)
fig.tight_layout(pad=1.0)
plt.show()
```

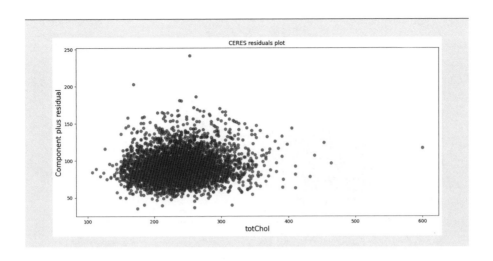

CCPR 플롯

Component and Component-Plus-Residual(CCPR) 플롯은 다른 독립변수의 효과를 고려하여 한 회귀 모델이 종속변수에 미치는 영향을 판단하는 방법을 제공한다. 위에서 본 것처럼 부분 잔차 플롯은 Residuals$+\hat{\beta}_i X_i$ vs. X_i로 정의된다. CCPR은 여기에 적합선을 보이기 표시한다. 이 경우 그림에서 명백한 분산은 실제 분산을 과소평가하게 된다. Statsmodels는 plot_ccpr을 통해 이 플롯을 제공한다[9].

```python
# Conditional Expectation Partial Residuals(CERES) plot
from statsmodels.graphics.regressionplots import plot_ccpr
fig, ax = plt.subplots(figsize=(12, 6))
fig = plot_ccpr(results, "totChol", ax=ax)
fig.tight_layout(pad=1.0)
plt.show()
```

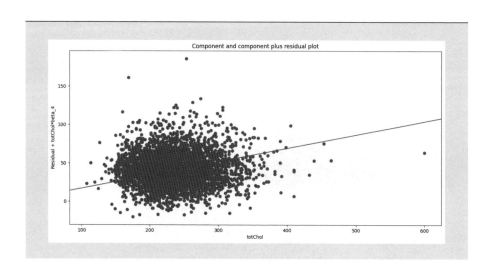

Plot regression

Statsmodels는 위에서 논의했던 플롯을 특정한 독립변수 X에 대해 한꺼번에 생성해 주는 plot_regress_exog ( ) 함수가 있다. 예를 들어, 나이(age) 변수에 대한 플롯을 생성해 보자.

```
# 'age' 변수에 대한 회귀 분석 결과
fig = plt.figure(figsize=(16, 6))
fig = sm.graphics.plot_regress_exog(results, 'age', fig=fig)
plt.show()
```

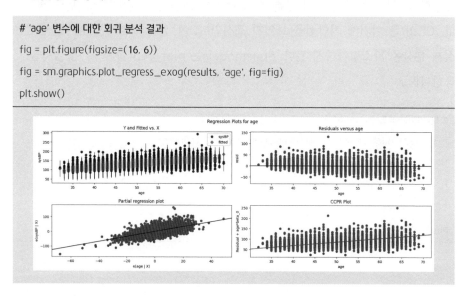

Y and Fitted vs. X는 나이(age) 수준에 따른 수축기혈압(sysBP)의 실제 값과 모델에 의해 예측된 값을 보여준다. 그림에 따르면 나이가 증가함에 따라 선형적으

로 증가하는 것을 알 수 있다. 일부 데이터 포인트들은 다른 것들과 상당히 떨어져 보이는 것을 알 수 있다. 이들은 잠재적인 이상치로 볼 수 있다.

같은 함수를 사용하여 일간흡연량(cigsPerDay)의 회귀 결과를 요약한 시각화는 아래와 같이 생성한다.

```
# 'cigsPerDay' 변수에 대한 회귀 분석 결과
fig = plt.figure(figsize=(16, 6))
fig = sm.graphics.plot_regress_exog(multi_model, 'cigsPerDay', fig=fig)
plt.show()
```

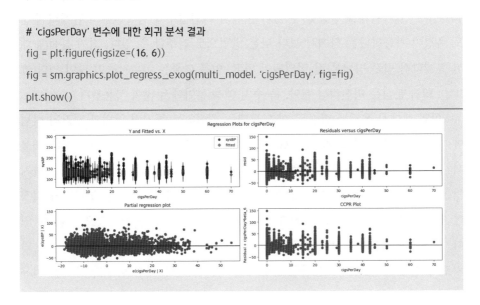

마찬가지로 총콜레스테롤(totChol)의 회귀 결과를 요약한 시각화는 아래와 같이 생성한다.

```
# 'totChol' 변수에 대한 회귀 분석 결과
fig = plt.figure(figsize=(16, 6))
fig = sm.graphics.plot_regress_exog(multi_model, 'totChol', fig=fig)
plt.show()
```

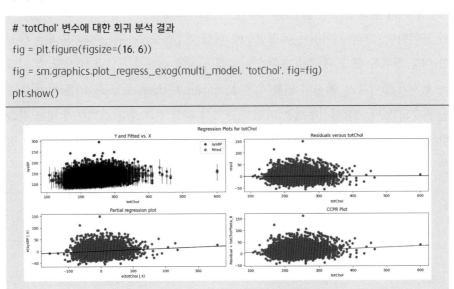

결론

이번 장에서는 변수와 변수의 연관 관계를 분석하는 선형 회귀 모델에 대해서 학습하였다. 회귀 모델링 방법은 잘 정의되어 있다. 가설 검정에 비해 독립변수와 종속변수 간의 관계를 검증할 수 있다는 점과 독립변수와 종속변수의 관계의 수준도 측정이 가능하다는 점에서 보다 나은 방법으로 간주할 수 있다. 회귀 분석에 대한 통계학적 접근 방법은 잘 정의되어 있고, 이를 다루는 이론서들이 많이 있다(예, [11]). 회귀 분석은 머신러닝 분야, 즉 수치 예측 분야에서 많이 사용된다.

이번 장에서 우리는 학습된 회귀 모델을 해석하는 통계적 방법과 시각적 방법에 대해 자세하게 설명하였다. 그러면 선형 회귀 모델은 인과 관계를 잘 설명했을까? 그럴 수도 있고 그렇지 않을 수도 있다. 회귀 분석 자체는 인과 관계를 말하지 않는다. 인과 관계는 연구자가 모형의 바깥에서 설정을 해야 한다. 연구자가 설정한 인과 관계 가설이 맞다면, 회귀 모델링은 인과 관계를 증명한 것으로 볼 수 있다. 그러면 연구자는 인과 관계를 어떻게 파악할까? 인과 관계는 이론적 기반을 가지고 설정할 수 있다. 회귀 연구에 있어서 기존 이론에 대한 탐구가 중요한 이유가 바로 이것 때문이다. 물론 인과 관계가 반드시 이론에 근거하지 않을 수도 있다. 즉, 인과 관계에 대한 연구자의 지식(subject knowledge)에 근거할 수도 있다. 따라서 회귀 모델링에서는 연구자의 판단 및 지식이 핵심적 역할을 수행한다.

선형 회귀 모델은 관찰된 데이터를 가지고 독립변수가 종속변수의 연관관계를 표현한다. 그러나 이것은 독립변수에 대해 개입(intervention)이라 불리는 특정한 어떤 행위를 했을 때 종속변수가 어떻게 될지에 대해서는 답을 제시할 수 없다는 한계가 있다[12]. 최신의 인과 추론 분석(causal inference analysis)은 이에 초점을 맞추고 있다. 4장에서부터는 이런 측면에서 최신 인과 추론 방법론에 대해 학습하도록 하겠다. 4장에 넘어가지 전에 회귀 접근 방법을 독립변수가 이산 변수인 경우 모델링을 하는 방법에 대해 먼저 공부하도록 하자.

Chapter 03

이산 회귀 모델링

- ◆ 서론
- ◆ 모델링 기법
- ◆ 데이터 분석 사례
- ◆ 결론

이산 회귀 모델링

 ## 서론

이산 회귀 모델은 X 변수가 종속변수 Y의 원인인지를 검증하기 위해 분석을 수행한다는 점에서 회귀 분석과 같다. 다만 종속변수 Y가 수치 값이 아니라 서로 배타적인 선택 또는 범주를 나타내는 이산 변수라는 점에서 다르며, 이산 종속변수 모델(discrete dependent variable models)이라고 한다[13]. 이산 종속변수 모델에는 Logit Model, Probit Model, Multinomial Logit Model, Poisson Model, Negative Binomial Model 등 다양한 모델이 존재한다. 이번 장에서는 이항 종속변수를 갖는 경우, 즉 종속변수 Y가 2개의 값만 가능한 경우의 모델링 방법에 대해서 알아보도록 하자. 이를 지원하는 방법에는 로짓(Logit)과 프로빗(Probit) 모델링 방법이 있다.

모델링 기법

로짓(Logit) 및 프로빗(Probit) 모델은 이진 또는 이분법 종속변수를 모델링하는데 사용되는 통계 모델링 기법이다. 즉, 관심 결과는 두 가지 값만 취할 수 있다. 대부분의 경우, 이러한 모델은 어떤 일이 일어날지 여부를 예측하는 데 사용된다.

●◐ 로짓(Logit) 모형

로짓 모형은 사건이 발생할 확률을 예측하는 데 사용되는 통계 모형의 한 형태이다. 로짓 모형을 로지스틱 회귀모형이라고도 한다. 로짓 모형은 두 가지 가능한 결과가 있는 상황을 모형화하는 데 사용되는 로지스틱 함수(Sigmoid 함수라고도 함)를 기반으로 한다. 로지스틱 함수는 이항 종속변수, 이분법 종속변수 및 범주형 데이터를 포함한 다양한 상황을 모형화하는 데 사용할 수 있다.

로짓 모형은 사건의 성공 확률을 독립변수의 함수로 모형화하는 데 사용된다. 다음은 사건의 발생 확률을 모형화하는 데 사용되는 로지스틱 함수에 도달하는 시작점이다. 로짓 함수는 다음과 같이 쓸 수 있다.

$$\text{logit}(\text{I}) = \log\left(\frac{P}{(1-P)}\right) = Z = \beta_0 + \beta_1 X_1 + \beta_2 X_2 + \cdots + \beta_n X_n$$

여기서 P는 사건이 일어날 확률이고, l은 사건이 일어날 승상(odds)이다. Z는 독립변수와 계수의 선형 조합이다. 위의 방정식은 사건의 발생 확률을 결정하는 데 사용할 수 있는 다음 함수로 유도할 수 있다.

$$P = \sigma(z) = \frac{1}{1+e^{-z}}$$

$\sigma(Z)$는 로지스틱 함수 또는 시그모이드 함수라고도 한다. Z값이 음의 무한(-infinity)에 가까워질수록 $\sigma(Z)$ 또는 P값은 0에 가까워진다. 반면에 Z의 값이 양의 무한(+infinity)에 가까워질수록 $\sigma(Z)$ 또는 P의 값은 1에 가까워진다.

●◐ 프로빗 모형

프로빗 모형은 사건이 발생할 확률을 예측하는 데 사용되는 통계 모형의 한 형태이다. 프로빗 모형은 로짓 모형과 유사하지만 로지스틱 함수 대신 프로빗 함수를 기반으로 한다. 프로빗 모형은 특정 특징을 가진 관측치가 특정 범주에 속할 확률을 추정하여 항목 또는 사건이 범주 범위 중 하나에 속할 가능성을 결정한다. 프로빗 모형의 경우 종속변수는 범주형이며 yes 또는 no, true 또는 false와 같은 두 값 중 하나만 취할 수 있다. 프로빗 모형은 다음 공식을 사용하여 나타낼 수 있다.

$$\Pr(Y=1|X) = \Phi(Z) = Z = \Phi(\beta_0 + \beta_1 X_1 + \beta_2 X_2 + \cdots + \beta_n X_n)$$

여기서, Y는 종속변수이며 변수 X가 주어졌을 때 사건이 발생할 확률(예: Y = 1)을 나타낸다. Φ는 누적 표준 정규 분포 함수이다. Z는 독립변수(X)와 계수(β_0, β_1, β_2, … , β_n)의 선형 조합이다. 로짓 모형의 경우 누적 표준 정규 분포 함수인 Φ 대신 로지스틱 또는 시그모이드 함수를 사용한다.

● 로짓과 프로빗 모형의 차이점

다음은 로짓과 프로빗 모형의 주요 차이점이다. 로짓 모형과 같은 프로빗 모형은 사건이 발생할 확률을 예측하는 데 사용된다. 프로빗 모형은 로짓 모형과 유사하지만 로지스틱 함수 대신 프로빗을 기반으로 한다. 프로빗 모형은 특정 특징을 가진 관측치가 특정 범주에 속할 확률을 추정하여 항목 또는 사건이 범주 중 하나에 속할 가능성을 결정한다. 로짓과 프로빗의 확률을 계산하는 방법은 다르다. 로짓 함수는 선형 조합을 사용하는 반면, 프로빗은 누적 표준 정규 분포 함수를 사용한다. 아래 그림은 Logit 및 Probit 모형을 나타낸다.

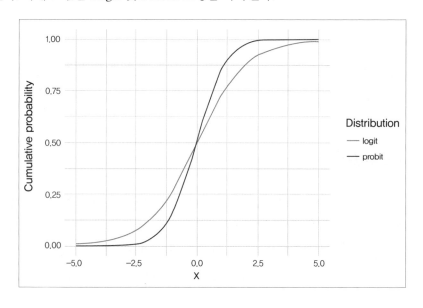

데이터 분석 사례

분석에서 사용하는 데이터는 3 장에서 사용한 심장질환 데이터셋을 그대로 사용한다. 다만 분석의 목표는 환자가 10년 후 관상동맥 심장 질환(CHD) 위험이 있는지 여부를 예측하는 것으로 변경하였다. 데이터셋은 〈표 3-1〉에 기술된 속성을 갖는 4,240개 사례로 구성되어 있다.

● Step 1: 라이브러리 가져오기

우리는 Statsmodels에서 제공하는 Logit과 Probit을 사용한 모델링 기법에 대해서 학습한다. Statsmodels의 라이브러리를 가져오자.

```
# 라이브러리 가져오기
import statsmodels.api as sm
import pandas as pd
```

● Step 2: 데이터 로딩 및 이해

Pandas의 read_csv 함수를 사용하여 데이터셋을 로딩한다.

```
path = "D:/python_project/causal_inference/dataset/"
df = pd.read_csv(path+"framingham.csv")
df.head()
```

	male	age	education	currentSmoker	cigsPerDay	BPMeds	prevalentStroke	prevalentHyp	diabetes	totChol	sysBP	diaBP	BMI	heartRate	glucose	TenYearCHD
0	1	39	4.0	0	0.0	0.0	0	0	0	195.0	106.0	70.0	26.97	80.0	77.0	0
1	0	46	2.0	0	0.0	0.0	0	0	0	250.0	121.0	81.0	28.73	95.0	76.0	0
2	1	48	1.0	1	20.0	0.0	0	0	0	245.0	127.5	80.0	25.34	75.0	70.0	0
3	0	61	3.0	1	30.0	0.0	0	1	0	225.0	150.0	95.0	28.58	65.0	103.0	1
4	0	46	3.0	1	23.0	0.0	0	0	0	285.0	130.0	84.0	23.10	85.0	85.0	0

● Step 3: 가설 설정

다음과 같은 인과 관계 질문을 생각해 보자. "비만도(BMI)는 관상 동맥 심장 질환의 10년 내 위험의 원인일까?" 이 인과 문제에 어떻게 답을 할 수 있을까? 관상 동맥 심장 질환의 10년 내 위험 발생 여부(TenYearCHD)는 예(1) 또는 아니오(0)라는 두 가지 중 하나의 값을 가지기 때문에 우리는 로짓과 프로빗 회귀를 사용할 것이다. 우리는 다음과 같은 변수들이 비만도(BMI)와 10년 내 CHD발생여부(TenYearCHD) 사이의 연관에 대한 잠재적인 관련 교란 요인으로 볼 수 있기 때문에 통제 변수로 사용할 것이다.

- 나이(age)
- 성별(male)
- 교육(education)
- 흡연(cigsPerDay)
- 고혈압약 복용(BPMeds)
- 총콜레스테롤(totChol)

이제 모델링을 하기 전에 귀무가설과 대립가설을 정의해 보자.
- 귀무가설(Ho): 선정된 통제변수 하에 비만도(BMI)는 10년 내 CHD발생여부(Ten-YearCHD)와 연관이 없다.
- 대립가설(Ha): 선정된 통제변수 하에 비만도(BMI)는 10년 내 CHD발생여부(Ten-YearCHD)와 연관이 있다.

● Step 4: 데이터 준비

위에서 정의한 가설에 따라 아래와 같이 데이터를 준비하자.

```
data=df[['age', 'male', 'education', 'cigsPerDay', 'BPMeds', 'totChol', 'BMI', 'TenYearCHD']]
```

회귀 모델링은 결측치를 다룰 수 없기 때문에 결측치를 확인하고 결측값이 있는 행은 제거하자. 먼저 결측치가 얼마나 있는지 확인해 보자.

```
print(data.isna().sum())
print(data.shape)
```

age	0
male	0
education	105
cigsPerDay	29
BPMeds	53
totChol	50
BMI	19
TenYearCHD	0
dtype: int64	
(4240, 8)	

결측치 개수를 확인했으니 결측치가 있는 행은 제거하자.

```
data = data.dropna(axis = 0, how ='any')
print(data.isna().sum())
print(data.shape)
```

age	0
male	0
education	0
cigsPerDay	0
BPMeds	0
totCho	0
BMI	0
TenYearCHD	0
dtype: int64	
(3990, 8)	

범주 속성인 교육(education)은 더미 코딩을 변환하도록 하자.

```
data = data.astype({'education':int})
education_d = pd.get_dummies(data['education'], prefix='education', drop_first=True)
education_d.head()
```

	education_2	education_3	education_4
0	0	0	1
1	1	0	0
2	0	0	0
3	0	1	0
4	0	1	0

더미 코딩한 데이터를 기존 데이터에 결합하여 전체 데이터를 만든다.

```
data = pd.merge(left=data, right=education_d, how="left", on=[data.index, education_d.index], sort=False)
data.head()
```

	key_0	key_1	age	male	education	cigsPerDay	BPMeds	totChol	BMI	TenYearCHD	education_2	education_3	education_4
0	0	0	39	1	4	0.0	0.0	195.0	26.97	0	0	0	1
1	1	1	46	0	2	0.0	0.0	250.0	28.73	0	1	0	0
2	2	2	48	1	1	20.0	0.0	245.0	25.34	0	0	0	0
3	3	3	61	0	3	30.0	0.0	225.0	28.58	1	0	1	0
4	4	4	46	0	3	23.0	0.0	285.0	23.10	0	0	1	0

이제 X와 y에 해당하는 데이터를 생성해 보자.

```
y = data['TenYearCHD']
X = data.drop(['key_0','key_1', 'education', 'TenYearCHD'], axis=1)
X.head()
```

	age	male	cigsPerDay	BPMeds	totChol	BMI	education_2	education_3	education_4
0	39	1	0.0	0.0	195.0	26.97	0	0	1
1	46	0	0.0	0.0	250.0	28.73	1	0	0
2	48	1	20.0	0.0	245.0	25.34	0	0	0
3	61	0	30.0	0.0	225.0	28.58	0	1	0
4	46	0	23.0	0.0	285.0	23.10	0	1	0

● Step 5: Logit 모델링

모델링 결과

Statsmodels에서 제공하는 Logit클래스를 사용하여 Logit 모델을 생성해 보자.

```
#로짓 모델링
log_reg = sm.Logit(y, X).fit()
print(log_reg.summary())
```

```
Optimization terminated successfully.
         Current function value: 0.414250
         Iterations 6
                      Logit Regression Results
==============================================================================
Dep. Variable:              TenYearCHD   No. Observations:               3990
Model:                           Logit   Df Residuals:                   3981
Method:                            MLE   Df Model:                          8
Date:                 Fri, 24 Mar 2023   Pseudo R-squ.:               0.01748
Time:                         21:10:04   Log-Likelihood:               -1652.9
converged:                        True   LL-Null:                      -1682.3
Covariance Type:             nonrobust   LLR p-value:                7.945e-10
==============================================================================
                   coef    std err          z      P>|z|      [0.025      0.975]
------------------------------------------------------------------------------
age              0.0284      0.005      5.767      0.000       0.019       0.038
male             0.3473      0.097      3.574      0.000       0.157       0.538
cigsPerDay       0.0072      0.004      1.874      0.061      -0.000       0.015
BPMeds           1.2248      0.212      5.775      0.000       0.809       1.641
totChol         -0.0041      0.001     -3.919      0.000      -0.006      -0.002
BMI             -0.0824      0.010     -8.368      0.000      -0.102      -0.063
education_2     -0.6766      0.110     -6.157      0.000      -0.892      -0.461
education_3     -0.5544      0.132     -4.189      0.000      -0.814      -0.295
education_4     -0.4846      0.148     -3.270      0.001      -0.775      -0.194
==============================================================================
```

모델 성과 지표

모델에 대한 성과를 나타내는 지표는 상단 우측에 있다.

유사 R^2(Pseudo R-square)

로지스틱 회귀 분석에 대한 R^2를 계산하는 많은 방법이 있는데 어떠한 것이 최선인지에 대한 합의는 없지만 McFadden과 Cox-Snell 측정치가 많이 사용된다. 통계 소프트웨어 중에서 SAS와 Stata는 Cox-Snell 측정치를 보고한다. JMP와 SYSTAT은 McFadden과 Cox-Snell 측정치를 모두 보고한다. SPSS는 이항 로지스틱 회귀 분석에는 Cox-Snell 측정치를 보고하지만 다항로짓과 순위로짓에는 McFadden 측정치를 보고한다. McFadden R^2는 다음과 같이 정의된다.

$$R^2_{MCR} = 1 - \frac{\ln(L_M)}{\ln(L_0)}$$

여기서 L_0를 아무런 독립변수로 포함하지 않은 모형에 대한 우도함수의 값이라고 하고, L_M을 추정한 모형에 대한 우도를 나타낸다. $\ln(L_0)$는 선형 회귀 분석에서의 잔차제곱합(residual sum of squares)과 동일한 역할을 한다. 결과적으로 이 공식은 "잔차 분산(error variance)"의 감소비율에 해당한다. 이 측정치는 때로는 "유사(pseudo)" R^2라고 불리기도 한다.[2]

Cox-Snell R^2는 다음과 같이 정의된다.

$$R^2_{C\&S} = 1 - \left(\frac{L_0}{L_M}\right)^{2/n}$$

여기서 L_0를 아무런 독립변수로 포함하지 않은 모형에 대한 우도함수의 값이라고 하고, L_M을 추정한 모형에 대한 우도를 나타내며, n은 표본 수를 의미한다. 이 공식의 원리는 선형 회귀 분석과 동일하다. 다른 말로 하면, 선형 회귀 분석에서

---

2 https://ukchanoh.wordpress.com/2015/02/17/r2logistic/

의 일반적인 R^2는 정확히 이 공식에 의해 독립변수가 없는 모형과 있는 모형의 우도로 결정된다는 것이다. 그렇다면 이 측정치는 일반화(generalized) R^2라고 부른다. Statmodels의 모델 설명 출력에서는 McFadden R^2가 결과 값으로 출력된다. McFadden R^2는 가장 성능이 좋을 때는 1이 되고 가장 성능이 나쁠 때는 0이 된다. 모델링 결과를 보면 유사 R^2는 거의 0에 가까운 것을 볼 수 있다(0.01748). 매우 낮은 적합도를 보이는 것이지만, 인과 분석에서는 크게 문제가 되지 않는다고 보기도 한다.

Log-Likelihood

최대우도 추정(maximum likelihood estimation; MLE) 함수의 자연 로그다. MLE는 최적의 적합성을 얻을 수 있는 모수 집합을 찾는 최적화 프로세스다.

LL-Null

독립변수가 포함되지 않은 경우(절편만 포함) 모형의 로그 우도 값이다.

가설 검증

이제 우리는 BMI가 심장 위험에 연관이 있는지 확인해 보자. 결과의 하단에 나오는 계수(coef)와 p-값(P>|z|)을 보자. 비만도(BMI)의 계수는 -0.0824이고 p-값은 0.000이어서 0.05보다 작다. 따라서 우리는 Ho, 즉 비만도(BMI)가 심장 위험에 영향을 미치지 않는다는 가정을 기각하고 영향을 미친다고 말할 수 있다. 통제변수는 인과 관계에 영향을 미칠까? 나이(age), 성별(male), 교육(education), 혈압약 투약여부(BPMeds), 총콜레스테롤(totChol) 등은 유의미하게 독립변수와 종속변수에 관계에 영향을 미친다. 반대로 일일흡연량(cigsPerDay)은 p-값은 0.061로 0.05보다 크기 때문에 인과 관계에 영향을 미친다고 볼 수 없다.

한계 효과

다른 변수들이 동일할 때 각 변수의 변화가 종속변수에 미치는 영향을 확인하기 위해 한계 효과(marginal effect)를 구해보자. 한계 효과는 데이터의 각 단위에 대한 모델의 각 변수에 대한 회귀 방정식의 편미분(partial derivatives)이다. [3] 비만도 (BMI)의 한계 효과는 -0.0104인 것을 알 수 있다.

```
margeff = log_reg.get_margeff()
margeff.summary()
```

Logit Marginal Effects						
Dep. Variable:	TenYearCHD					
Method:	dydx					
At:	overall					
	dy/dx	std err	z	P>|z|	[0.025	0.975]
age	0.0036	0.001	5.784	0.000	0.002	0.005
male	0.0440	0.012	3.582	0.000	0.020	0.068
cigsPerDay	0.0009	0.000	1.875	0.061	-4.13e-05	0.002
BPMeds	0.1551	0.027	5.834	0.000	0.103	0.207
totChol	-0.0005	0.000	-3.934	0.000	-0.001	-0.000
BMI	-0.0104	0.001	-8.504	0.000	-0.013	-0.008
education_2	-0.0857	0.014	-6.199	0.000	-0.113	-0.059
education_3	-0.0702	0.017	-4.204	0.000	-0.103	-0.037
education_4	-0.0614	0.019	-3.278	0.001	-0.098	-0.025

⬤ Step 6: Probit 모델링

Statmodels에서 제공하는 Probit을 활용하여 모델링을 수행해 보자.

---

3   수학적으로 한계 효과는 확률에 대해 변수가 미치는 영향(미분값)을 통해 구한다. 즉, 해당 변수가 1 단위 증가함에 따라 class 1에 속할 확률(p)이 어떻게 변하는지 측정한 것이다.

$$p = \text{sigmoid}(e^{\beta x}) = \frac{1}{1+e^{-\beta x}}$$

i 번째 독립변수 x_i에 대한 한계 효과는 다음과 같이 계산한다.

$$\frac{\vartheta p}{\vartheta x_i} = \frac{\vartheta}{\vartheta x_i}\left(\frac{1}{1+e^{-\beta x}}\right) = -\frac{e^{-\beta x}}{(1+e^{-\beta x})^2}(-\beta_i) = \frac{e^{-\beta x}}{(1+e^{-\beta x})^2}(\beta_i)$$

```
probit_reg = sm.Probit(y, X).fit()

probit_reg.summary()
```

```
Optimization terminated successfully.
        Current function value: 0.415930
        Iterations 6
```

Probit Regression Results

Dep. Variable:	TenYearCHD	No. Observations:		3990
Model:	Probit	Df Residuals:		3981
Method:	MLE	Df Model:		8
Date:	Fri, 24 Mar 2023	Pseudo R-squ.:		0.01350
Time:	21:19:11	Log-Likelihood:		-1659.6
converged:	True	LL-Null:		-1682.3
Covariance Type:	nonrobust	LLR p-value:		3.072e-07

	coef	std err	z	P>|z|	[0.025	0.975]
age	0.0145	0.003	5.421	0.000	0.009	0.020
male	0.1922	0.053	3.612	0.000	0.088	0.297
cigsPerDay	0.0038	0.002	1.770	0.077	-0.000	0.008
BPMeds	0.7096	0.126	5.630	0.000	0.463	0.957
totChol	-0.0022	0.001	-4.069	0.000	-0.003	-0.001
BMI	-0.0453	0.005	-8.849	0.000	-0.055	-0.035
education_2	-0.3894	0.059	-6.578	0.000	-0.505	-0.273
education_3	-0.3204	0.072	-4.479	0.000	-0.461	-0.180
education_4	-0.2938	0.081	-3.608	0.000	-0.453	-0.134

Probit 분석 결과 Logit 모델링 결과에 유사한 것을 볼 수 있다. Pseudo R-square는 거의 0에 가까운 것을 볼 수 있다(0.01350). BMI의 p-값을 보면 0.000이어서 0.05보다 작다. 따라서 우리는 Ho, 즉 BMI가 심장 위험에 영향을 미치지 않는다는 가정을 기각하고 영향을 미친다고 말할 수 있다. 통제 변수 중에서 나이(age), 성별(male), 혈압약 복용 여부(BPMeds), 총콜레스테롤(totChol)은 유의미하게 종속변수에 영향을 미친다. 한계효과도 Logit과 유사한 결과를 얻을 수 있다.

```
margeff_probit = probit_reg.get_margeff()
margeff_probit.summary()
```

Probit Marginal Effects						
Dep. Variable:	TenYearCHD					
Method:	dydx					
At:	overall					
	dy/dx	std err	z	P>|z|	[0.025	0.975]
age	0.0034	0.001	5.435	0.000	0.002	0.005
male	0.0445	0.012	3.621	0.000	0.020	0.069
cigsPerDay	0.0009	0.000	1.771	0.077	-9.32e-05	0.002
BPMeds	0.1644	0.029	5.678	0.000	0.108	0.221
totChol	-0.0005	0.000	-4.083	0.000	-0.001	-0.000
BMI	-0.0105	0.001	-8.992	0.000	-0.013	-0.008
education_2	-0.0902	0.014	-6.644	0.000	-0.117	-0.064
education_3	-0.0742	0.016	-4.500	0.000	-0.107	-0.042
education_4	-0.0681	0.019	-3.621	0.000	-0.105	-0.031

결론

이번 장에서는 회귀 모델링 기법 중에서 종속변수가 이산 값인 경우에 활용할 수 있는 모델링 기법인 로짓과 프로빗 모델링 기법에 대해서 학습하였다. 이 경우에 모델의 성과를 평가하는 지표들은 선형 회귀 분석에서 볼 수 있는 것처럼 의미를 해석하는 것은 어려운 것으로 보인다. 모델을 통해 우리는 독립변수와 종속변수 간의 연관 관계 존재 여부를 확인할 수 있다. 또한 한계 분석을 통해 각 변수가 종속변수에 미치는 영향을 파악할 수 있다. 이산 회귀 모델은 선형 회귀 모델과 마찬가지로 인과 관계에 대한 것은 모델 외적으로 연구자에 의해 설정이 된다. 또한 이산 회귀 모델은 선형 회귀 모델과 마찬가지로 모델 학습 후 개입(intervention)에 의한 영향 분석까지는 할 수 없다는 한계가 있다[12].

Chapter 04

인과 추론 분석

Chapter 04

인과 추론 분석

서론

이전 장에서 변수와 변수 간의 관계를 모델링하는 회귀 모델링에 대해서 학습했다. 회귀 모델링은 관찰된 데이터를 사용하여 데이터가 나타내는 연관의 정도와 통계적인 신뢰성에 대한 적절한 정보를 제공해 준다. 그러나 회귀 모델링에는 한계가 있다. 먼저 회귀 모델링은 독립변수와 종속변수의 관계를 평면적 관계로 본다. 즉, 독립변수와 종속변수에 직접적인 영향을 미친다고 본다. 예를 들어, 회귀 모델링에서는 X_1, X_2, X_3, X_4라는 4가지 요인이 Y라는 직접적인 영향을 미친다고 본다. 그러나 실제의 인과 관계는 구조적 성격을 가질 수 있다. 즉, X_1이 X_2, X_3에 영향을 미치고, X_2, X_3가 X_4에 영향을 미치고, 마지막으로 X_4가 Y에 영향을 미칠 수 있다. 그러나 회귀 모델링에서는 이런 부분에 대한 설명이 어렵다. 더 나아가 만약 우리가 X_4에 개입(intervention)을 하여 처방(treatment)을 내릴 경우 얼마나 영향(effect)을 미치는지 알 수 없다.

DoWhy는 이런 문제를 해결하기 위해 마이크로소프트의 연구원들이 개발한 인과 추론을 지원하는 소프트웨어이다[14-16]. DoWhy는 인과 그래프를 사용하여 구조화된 인과 관계를 정의하고, 개입이 있을 경우 얼마나 효과가 있을지 추정해 준다. 또한 인과 효과에 대한 통계적인 검증을 제공하여 보다 확실한 의사 결정을 도울 수 있다. 이번 장에서는 DoWhy를 사용하여 인과 추론을 수행하는 방법에 대해서 학습한다.

인과 추론의 4 단계

먼저 DoWhy의 인과 추론이 이루어지는 단계들에 대해서 알아보자. DoWhy 는 인과 추론을 위한 메커니즘을 4단계로 구성한다. 1단계인 모델(model)에서는 데이터를 인과 그래프(causal graph)로 인코딩한다. 인과 그래프는 인과 관계를 시 각적으로 표현하여 쉽게 인과 관계를 이해할 수 있도록 지원한다. 2단계는 식별 (identify)이다. 이 단계에서는 모델의 인과 관계를 식별하고 원인을 추정한다. 3단 계는 추정(estimate)이다. 이 단계에서는 식별된 인과 관계에 대해 추정치를 구한 다. 즉, 원인이 되는 행위가 결과에 얼마나 영향을 미치는지 계산을 한다. 마지막으 로 4단계는 반박(refute)이다. 이 단계에서는 얻어진 추정치에 대해 그것이 옳지 않 을 수 있다는 다양한 반박을 시도한다.

그림 4-1 \ DoWhy 인과 추론 절차

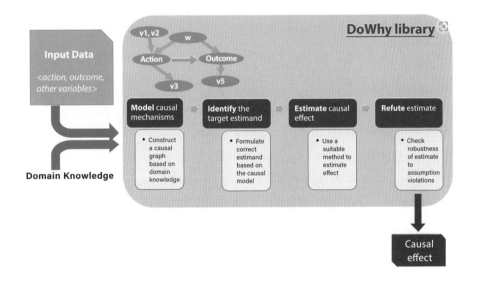

그림 4-1은 DoWhy의 인과 추론 절차를 요약하여 보여준다. 이제 시뮬레이션 데이터를 사용하여 DoWhy의 각 단계에 대해 좀 더 알아보도록 하자.

원인 문제 모델링

DoWhy는 각 문제에 대해 기본 인과 그래프 모델을 만든다. 이것은 각 인과적 가정을 명시적으로 만드는 역할을 하며, 이 그래프는 완전할 필요는 없다. 일부 변수에 대한 사전 지식을 나타내는 부분 그래프를 제공할 수 있으며, DoWhy는 자동으로 나머지 변수를 잠재적인 교란자(confounder)로 간주한다.

DoWhy는 그래프 입력에 대해 gml(권장) 및 dot의 두 가지 형식을 지원한다. Networkx 패키지와 잘 작동하므로 gml을 입력 형식으로 사용하는 것이 좋다. 그래프는 .gml 파일이나 문자열을 지원한다. 점 형식을 사용하려면 추가 패키지를 설치해야 하며(pydot 또는 pygraphviz), .dot 파일과 문자열 형식이 모두 지원한다. 권장하지는 않지만, 그래프를 제공하는 대신에 일반적인 원인 또는 도구를 직접 지정할 수도 있다.

먼저 분석에 필요한 라이브러리를 가져오자.

```
import numpy as np
import pandas as pd
import logging
import dowhy
from dowhy import CausalModel
import dowhy.datasets
```

인과 관계 분석의 개념을 이해하기 위해 dowhy.datasets.linear_dataset 함수를 사용하여 10,000개의 시뮬레이션 데이터를 생성한다. 일반 원인 변수(common cause variables)를 5개, 도구 변수(instrumental variable)를 2개, 처방 변수(treatment variable)를 1개 포함한다.

```
data = dowhy.datasets.linear_dataset(beta=10,
        num_common_causes=5,
        num_instruments=2,
        num_treatments=1,
        num_samples=10000,
        treatment_is_binary=True,
        outcome_is_binary=False,
        stddev_treatment_noise=10)
df = data["df"]
df
```

	Z0	Z1	W0	W1	W2	W3	W4	v0	y
0	1.0	0.675557	0.904975	1.033371	1.572793	-0.222230	0.691188	True	26.466853
1	1.0	0.045958	1.101290	0.698700	1.140532	-1.897582	-2.050139	True	9.006973
2	1.0	0.877756	1.552749	0.829414	-0.389328	0.665664	-0.440296	True	17.035681
3	1.0	0.323508	0.768864	-0.267099	1.315588	-0.537704	-0.047571	True	18.075415
4	1.0	0.523531	2.917518	-0.385618	-0.903310	0.218044	-1.022806	True	16.277807
...	...	...	...	...	...	...	...	...	...
9995	1.0	0.272205	0.243903	-0.781484	0.666595	-0.363931	-1.060545	True	6.905816
9996	1.0	0.176550	1.378417	0.933848	0.431677	0.139584	-3.540407	True	3.797717
9997	1.0	0.308797	-0.284417	-0.214309	-0.171787	-0.744094	-2.653396	False	-16.803192
9998	1.0	0.392859	-0.683292	-1.642927	2.111009	-0.566198	-1.348726	True	4.750316
9999	1.0	0.748093	0.531678	-0.669099	0.530562	-2.340470	-1.248430	True	4.068436

10000 rows×9 columns

이제 DoWhy의 Causal Model 클래스를 활용하여 인과 관계 모델을 생성하자. DoWhy는 인과 관계 가정을 지정하기 위해 인과 그래프(causal graph)를 사용한다. 인과 그래프는 인과 관계 그래프를 gml 또는 dot 형식으로 제공하며, 텍스트 파일 또는 문자열일 수 있다. 다른 한편, 명명된 변수 집합을 사용하여 인과 관계를 표현할 수 있다. 즉, 인과 그래프 대신에 공통 원인, 도구 변수, 효과 수정자(effect modifiers), 전면 변수(front-door variables) 등과 같이 관련 범주에 해당하는 변수 이름을 제공하여 인과 관계를 구성할 수 있다.

```
# With graph
model=CausalModel(
        data = df,
        treatment=data["treatment_name"],
        outcome=data["outcome_name"],
        graph=data["gml_graph"]
        )
model.view_model()
from IPython.display import Image, display
display(Image(filename="causal_model.png"))
```

● 모델에서 목표 추정치 식별

인과 관계 그래프를 기반으로 DoWhy는 그래픽 모델을 기반으로 원하는 인과 관계를 식별하는 가능한 모든 방법을 찾아야 한다. DoWhy는 그래프 기반 기준과 계산을 사용하여 인과 관계를 식별할 수 있는 표현식을 찾는 잠재적인 방법을 찾는다. 지원되는 식별 기준에는 다음과 같은 것들이 있다.

- 백도어 기준(back-door criterion)
- 프론트도어 기준(front-door criterion)
- 도구 변수(instrumental variables)
- 중재(직접 및 간접 효과 식별) (mediation: direct and indirect effect identification)

위의 시뮬레이션 예제에서 DoWhy의 Causal Model 클래스의 identify_effect 함수를 인과 관계 존재여부에 대해 식별해 보자. 아래와 같이 실행하면 backdoor와 iv의 두 가지 estimand가 식별된다.

```
identified_estimand = model.identify_effect(proceed_when_unidentifiable=True)
print(identified_estimand)
```

```
Estimand type: EstimandType.NONPARAMETRIC_ATE

### Estimand : 1
Estimand name: backdoor
Estimand expression:
  d
─────(E[y|W2,W1,W0,W3,W4])
d[v₀]
Estimand assumption 1, Unconfoundedness: If U→{v0} and U→y then P(y|v0,W2,W1,W0,W3,W4,U) = P(y|v0,W2,W1,W0,W3,W4)

### Estimand : 2
Estimand name: iv
Estimand expression:
 ⎡                              ⎤-1⎤
 ⎢    d          ⎛    d         ⎞  ⎥
E⎢─────(y)·⎜─────([v₀])⎟  ⎥
 ⎣d[Z₀  Z₁]      ⎝d[Z₀  Z₁]     ⎠  ⎦
Estimand assumption 1, As-if-random: If U→→y then ¬(U →→{Z0,Z1})
Estimand assumption 2, Exclusion: If we remove {Z0,Z1}→{v0}, then ¬({Z0,Z1}→y)

### Estimand : 3
Estimand name: frontdoor
No such variable(s) found!
```

● 확인된 추정치를 기반으로 인과 추론

DoWhy는 백도어 기준과 도구 변수를 기반으로 하는 방법을 지원하며, 얻은 추정치의 통계적 유의성을 테스트하기 위해 비모수적 신뢰 구간과 순열 테스트를 제공한다. 지원되는 인과 추정 방법에는 다음과 같은 것이 있다.

- 처치 할당 추정(estimating the treatment assignment)에 기반한 방법론
  ‣ 성향 기반 계층화(propensity-based stratification)
  ‣ 성향 점수 매칭(propensity score matching)
  ‣ 역성향 가중치(inverse propensity weighting)
- 결과 모델 추정에 기반한 방법
  ‣ 선형 회귀(linear regression)

- ‣ 일반화 선형 모델(generalized linear models)
- 도구 변수 방정식에 기반한 방법
  - ‣ 이진 기기/왈드 추정기(binary instrument/wald estimator)
  - ‣ 2단계 최소제곱(two-stage least squares)
  - ‣ 회귀 불연속성(regression discontinuity)
- 정문 기준 및 일반 중재 방법
  - ‣ 2단계 선형 회귀(two-stage linear regression)

위에서 식별된 estimand 중에서 backdoor의 효과 추정치를 구해보자.

```
causal_estimate_strat = model.estimate_effect(identified_estimand,
method_name="backdoor.propensity_score_stratification", target_units="ate")
print(causal_estimate_strat)
print("Causal Estimate is " + str(causal_estimate_strat.value))
```

```
*** Causal Estimate ***

## Identified estimand
Estimand type: EstimandType.NONPARAMETRIC_ATE

### Estimand : 1
Estimand name: backdoor
Estimand expression:
  d
─────(E[y|W2,W1,W0,W3,W4])
d[v₀]
Estimand assumption 1, Unconfoundedness: If U→{v0} and U→y then P(y|v0,W2,W1,W0,W3,W4,U) = P(y|v0,W2,W1,W0,W3,W4)

## Realized estimand
b: y~v0+W2+W1+W0+W3+W4
Target units: ate

## Estimate
Mean value: 9.959455552406883

Causal Estimate is 9.959455552406883
```

● 획득한 추정치에 대한 반박

DoWhy는 인과 관계 추정자의 효과 추정치를 검증하기 위해 여러 반박 방법
에 접근할 수 있다. 지원되는 반박 방법에는 다음과 같은 것이 있다.

- 무작위 공통 원인 추가(add random common cause): 데이터셋에 공통 원인 으로 독립 확률 변수를 추가한 후 추정 방법이 추정을 변경하는가? (힌트: 안 된다.)

- 위약 치료(placebo treatment): 실제 치료 변수를 독립 확률 변수로 대체할 때 추정된 인과 효과는 어떻게 되는가? (힌트: 효과는 0이 되어야 한다.)

- 더미 결과(dummy outcome): 실제 결과 변수를 독립 확률 변수로 대체할 때 추정된 인과 효과는 어떻게 되는가? (힌트: 효과는 0이 되어야 한다.)

- 시뮬레이션된 결과(simulated outcome): 주어진 데이터셋에 가장 가까우면서 알려진 데이터 생성 프로세스를 기반으로 데이터셋을 시뮬레이션된 데이터 셋으로 대체할 때 추정된 인과 효과는 어떻게 되는가? (힌트: 데이터 생성 프로세 스의 효과 매개 변수와 일치해야 한다.)

- 관찰되지 않은 공통 원인 추가(add unobserved common causes): 치료 및 결 과와 상관 관계가 있는 데이터셋에 추가 공통 원인(교란 요인)을 추가할 때 효 과 추정치는 얼마나 민감한가? (힌트: 너무 민감하지 않아야 한다.)

- 데이터 하위 집합 검증(data subsets validation): 주어진 데이터 집합을 무작위 로 선택한 하위 집합으로 대체할 때 예상 효과가 크게 변경되는가? (힌트: 안 된다.)

- 부트스트랩 검증(bootstrap validation): 주어진 데이터셋을 동일한 데이터 셋의 부트스트랩 샘플로 교체할 때 예상 효과가 크게 변경되는가? (힌트: 안 된다.)

위의 예제를 계속하여 위약 처방(placebo treatment)을 통해 반박 가능성 여부 에 대해 판단해 보자. 아래 코드를 실행하면(new effect)가 0에 가까운 숫자인 것을 알 수 있다. 즉, 위약 처방 효과는 없는 것을 확인할 수 있다.

```
refute_results=model.refute_estimate(identified_estimand,
causal_estimate_strat,method_name="placebo_treatment_refuter")
print(refute_results)
```

```
Refute: Use a Placebo Treatment
Estimated effect: 9.959455552406883
New effect: 0.009479106425377326
p value: 0.96
```

 ## DoWhy 인과 추론의 특징

● 명시적 식별 가능

가정은 DoWhy에서 첫 번째 클래스 객체이다. 각 분석은 인과 관계 모델을 구축하는 것으로 시작한다. 가정은 그래픽 또는 조건부 독립 진술의 관점에서 볼 수 있다. 가능한 경우 DoWhy는 관찰된 데이터를 사용하여 명시된 가정을 자동으로 테스트할 수도 있다.

● 식별과 추정의 분리

식별이 원인 문제이고, 추정은 통계적 문제이다. DoWhy는 이 경계를 고려하여 별도로 처리한다. 식별은 인과 추론에 초점을 맞추고 목표 추정치에 사용 가능한 통계 추정기법을 사용하여 추정을 자유롭게 할 수 있도록 한다. 또한 단일 식별된 추정에 여러 가지 추정 방법을 사용할 수 있으며 그 반대의 경우도 사용이 가능하다.

● 자동화된 견고성 검사

중요한 식별 가정이 충족되지 않을 때 어떻게 될까? 가장 중요하고, 종종 건너뛰는 부분, 즉 인과 분석의 일부는 검증되지 않은 가정에 대해 추정의 견고성을 확인하는 것이다. DoWhy를 사용하면 획득한 추정치에 대한 민감도 및 견고성 검사를 쉽게 자동으로 실행할 수 있다.

 확장성

마지막으로 DoWhy는 쉽게 확장할 수 있으며, 네 가지 단계가 다른 구현과 공존할 수 있다(예: EconML 및 CausalML 라이브러리에서 추정 동사 구현 지원). 4개의 단계는 상호 독립적이므로 구현을 어떤 방식으로든 결합할 수 있다.

》》 인과 추론 분석 사례 – 호텔 예약 취소

호텔의 예약이 취소되는 데에는 여러 가지 이유가 있다. 고객이 사용할 수 없는 것(예: 주차장)을 요청했거나, 나중에 호텔이 고객의 요구 사항을 충족하지 않는다는 것을 알게 되었거나, 고객이 전체 여행을 단순히 취소했을 수도 있다. 주차와 같은 경우에는 호텔에서 조율할 수 있는 반면 단순히 여행 취소와 같은 경우는 호텔에서 제어할 수 없다. 어찌되었든 우리는 이러한 요인 중 어떤 것이 예약 취소를 유발하는지 알고자 한다. 유발 요인을 파악하면 우리는 적절한 조치를 취하여 호텔 예약 취소를 감소시킬 수 있을 것이다.

이를 알아내기 위한 표준방법은 각 고객이 두 가지 범주 중 하나에 무작위로 할당되는 무작위 통제 시험(randomized controlled trials)과 같은 실험을 사용하는 것이다. 예를 들어 각 고객에게 주차 장소를 부여하거나 하지 않고 어떤 결과가 나오는지 확인할 수 있다. 그러나 이런 실험은 비용이 너무 많이 들고 어떤 경우에는 비윤리적일 수 있다. 예를 들어, 호텔이 무작위로 사람들을 다른 수준의 서비스에 배정한다는 사실을 알게 되면 호텔의 명성을 잃기 시작할 것이다. 이런 경우 우리는 관찰 데이터(observational data)만을 가지고 인과 관계를 규명할 수 있는 방법을 사용해야 한다.

Step 1: 라이브러리 가져오기

아래와 같이 분석에 필요한 라이브러리를 가져온다.

```
import dowhy
import pandas as pd
import numpy as np
import matplotlib.pyplot as plt
```

Step 2: 데이터 로딩 및 데이터 이해

이 분석은 Antonio, Almeida and Nunes[17]가 사용한 데이터셋을 사용한다. 원본 데이터셋의 변수들에 대한 설명은 표 4-1에 정리되어 있다.

표 4-1 호텔 취소 데이터 속성 정보

변수	데이터 타입	설명
Hotel	character	호텔(리조트호텔, 시티호텔)
is_canceled	double	예약취소여부(1=취소, 0=취소안함)
lead_time	double	예약을 입력한 날짜와 도착 날짜 사이의 경과된 일 수
arrival_date_year	double	도착 년도
arrival_date_month	character	도착 날짜의 달
arrival_date_week_ number	double	도착 날짜의 주 번호
arrival_date_day_ of_month	double	도착일
stays_in_weekend_ nights	double	주말 숙박(토요일 또는 일요일) 투숙객이 호텔에 숙박했거 나 숙박을 예약한 횟수
stays_in_week_ nights	double	손님이 호텔에 숙박했거나 예약한 주중(월요일~금요일) 숙박일 수
adults	double	성인 수

children	double	어린이의 수
babies	double	아기 수
meal	character	예약된 식사 유형. 범주는 표준 환대 식사 패키지로 제공 • 정의되지 않음/SC - 식사 패키지 없음 • BB - 숙가 및 아침 식사 • HB - 하프보드(아침 식사 및 다른 한 끼 식사 - 보통 저녁 식사) • FB - 풀보드(아침, 점심, 저녁)
country	character	원산지 국가. 카테고리는 ISO 3155-3:2013 형식으로 표시
market_segment	character	시장 부문 지정. 범주에서 용어 "TA"는 trave agents를 의미하고 "TO"는 travel operators를 의미
distribution_chan-nel	character	예약 유통 채널. 범주에서 용어 "TA"는 trave agents를 의미하고 "TO"는 travel operators를 의미
is_repeated_guest	double	예약 이름이 반복 투숙객인지(1) 아닌지(0)
previous_cancella-tions	double	현재 예약 이전 고객이 취소한 예약 수
previous_bookings_not _canceled	double	현재 예약 이전 고객이 취소하지 않은 예약 수
reserved_room_type	character	예약된 객실 유형 코드. 익명을 위해 코드로 제시
assigned_room_type	character	예약에 할당된 객실 유형에 대한 코드 호텔 운영상의 사유(예: 초과 예약) 또는 고객 요청으로 인해 배정된 객실 유형이 예약된 객실 유형과 다른 경우가 있음. 익명을 위해 코드를 제시
booking_changes	double	예약이 입력된 순간부터 체크인 또는 취소하는 순간까지 예약에 대한 변경/수정 횟수
deposit_type	character	고객이 예약을 보장하기 위해 보증금을 냈는지 여부. 이 변수는 세 가지 범주를 가정할 수 있음 • 보증금 없음 - 보증금이 없음 • 환불 불가 - 총숙박 비용에 해당하는 보증금이 예치되었음 • 환불 가능 - 총숙박 비용보다 낮은 금액으로 보증금이 입금되었음
agent	character	예약을 한 여행사의 ID
company	character	예약을 하였거나 예약 결제를 담당하는 회사/단체의 ID. 익명을 위해 아이디 제시
days_in_waiting_list	double	예약이 고객에게 확인되기 전까지 대기자 명단에 있었던 일 수

customer_type	character	네 가지 범주 중 하나를 가정한 예약 유형: • 계약 – 예약에 할당량 또는 기타 유형의 계약이 있는 경우 • 그룹 – 예약이 그룹과 연결된 경우 • 임시 – 예약이 그룹 또는 계약의 일부가 아니고 다른 임시 예약과 연결되지 않은 경우 • 임시 당사자 – 예약이 일시적이지만 적어도 다른 임시 예약과 연결된 경우
Adr	double	모든 숙박 거래의 합계를 총숙박일 수로 나눈 평균 일 요금
required_car_park-ing_spaces	double	고객이 요구하는 주차대수
total_of_special_requests	double	고객이 요청한 특별 요청 수(예: 트윈 침대 또는 고층)
reservation_status	character	세 가지 범주 중 하나를 가정한 마지막 예약 상태: • 취소됨 – 고객이 예약을 취소했음 • 체크아웃 – 고객이 체크인했지만 이미 출발했음 • 노쇼(No-Show) – 고객이 체크인하지 않고 호텔에 그 이유를 알렸음
reservation_status_date	double	마지막 상태가 설정된 날짜. 이 변수를 ReservationStatus와 함께 사용하여 예약이 취소된 시점 또는 고객이 호텔에서 체크아웃한 시점을 이해할 수 있음

데이터를 로딩한 후 데이터 프레임의 shape을 사용하여 데이터의 사례 수 및 속성의 개수에 대한 정보를 살펴보자. 속성 출력을 보면 데이터의 총개수는 119,390개이고 32개의 속성이 있음을 알 수 있다. 사례는 너무 많은 속성을 가지고 있어 구체적으로 어떤 속성이 있는지 확인할 수 없다.

```
dataset = pd.read_csv('D:/python_project/causal_inference/dataset/hotel.csv')
print(dataset.shape)
```

```
(119390, 32)
```

원본 사례에 어떤 속성이 사용되는지 확인하기 위해 데이터 프레임의 columns를 프린트해 보자.

```
print(dataset.columns)
```
```
Index(['hotel', 'is_canceled', 'lead_time', 'arrival_date_year',
       'arrival_date_month', 'arrival_date_week_number',
       'arrival_date_day_of_month', 'stays_in_weekend_nights',
       'stays_in_week_nights', 'adults', 'children', 'babies', 'meal',
       'country', 'market_segment', 'distribution_channel',
       'is_repeated_guest', 'previous_cancellations',
       'previous_bookings_not_canceled', 'reserved_room_type',
       'assigned_room_type', 'booking_changes', 'deposit_type', 'agent',
       'company', 'days_in_waiting_list', 'customer_type', 'adr',
       'required_car_parking_spaces', 'total_of_special_requests',
       'reservation_status', 'reservation_status_date'],
      dtype='object')
```

◉ Step 3: 데이터 준비

변수 생성

데이터셋의 차원을 줄이기 위해 새롭고 의미 있는 변수를 만들 수 있다. 다음과 같은 속성을 생성해 보자. 고객은 주중(stays_in_week_nights) 또는 주말(stays_in_weekend_nights)에 호텔에 숙박을 할 수 있다. 두 속성의 합으로 총숙박 횟수(total_stay)를 구해보자.

total_stay = stays_in_week_nights + stays_in_weekend_nights

```
# 총숙박 횟수
dataset['total_stay'] = dataset['stays_in_week_nights'] + dataset['stays_in_weekend_nights']
dataset[['stays_in_week_nights', 'stays_in_weekend_nights', 'total_stay']].head()
```

	stays_in_week_nights	stays_in_weekend_nights	total_stay
0	0	0	0
1	0	0	0
2	1	0	1
3	1	0	1
4	2	0	2

투숙객은 성인(adults), 어린이(children), 아기(babies) 등으로 구성되어 있는데 합쳐서 손님(guests)이라는 속성을 생성해 보자.

```
# 손님 총수
dataset['guests'] = dataset['adults']+dataset['children'] +dataset['babies']
dataset[['adults', 'children', 'babies', 'guests']].head()
```

	adults	children	babies	guests
0	2	0.0	0	2.0
1	2	0.0	0	2.0
2	1	0.0	0	1.0
3	1	0.0	0	1.0
4	2	0.0	0	2.0

원래 예약된 객실(reserved_room_type)과 배정받은 객실 유형(assigned_room_type)을 비교하여 다른 경우는 1, 같은 경우는 0으로 속성을 생성한다.

```
# 새로운 객실이 배정됐는지 체크한다.
dataset['different_room_assigned']=0
slice_indices=dataset['reserved_room_type']!=dataset['assigned_room_type']
dataset.loc[slice_indices,'different_room_assigned']=1
dataset[['reserved_room_type', 'assigned_room_type', 'different_room_assigned']].head()
```

	reserved_room_type	assigned_room_type	different_room_assigned
0	C	C	0
1	C	C	0
2	A	C	1
3	A	A	0
4	A	A	0

새 속성 생성에 사용된 속성은 삭제한다. 속성 리스트 중에서 진하게 되어 있는 것이 새롭게 생성된 속성이다.

```
# 새 속성 생성에 사용된 속성 제거
dataset =
dataset.drop(['stays_in_week_nights','stays_in_weekend_nights','adults','children','ba-
bies','reserved_room_type','assigned_room_type'],axis=1)
print(dataset.columns)
```

```
Index(['hotel', 'is_canceled', 'lead_time', 'arrival_date_year',
       'arrival_date_month', 'arrival_date_week_number',
       'arrival_date_day_of_month', 'meal', 'country', 'market_segment',
       'distribution_channel', 'is_repeated_guest', 'previous_cancellations',
       'previous_bookings_not_canceled', 'booking_changes', 'deposit_type',
       'agent', 'company', 'days_in_waiting_list', 'customer_type', 'adr',
       'required_car_parking_spaces', 'total_of_special_requests',
       'reservation_status', 'reservation_status_date', 'total_stay', 'guests',
       'different_room_assigned'],
      dtype='object')
```

결측치 제거 및 같은 ID 열 제거

NULL값을 포함하거나 고유한 값(예: 상담원 ID)이 너무 많은 열도 제거한다. 또한 가장 빈번한 국가로 country 열의 결측값을 대체하고, martket_segment와 높은 오버랩(overlap)을 보이는 distribution_channel을 제거한다. 속성별로 결측치가 얼마나 있는지 확인한다.

```
# 결측치 개수 확인
print(dataset.isnull().sum())
```

hotel	0
is_canceled	0
lead_time	0
arrival_date_year	0
arrival_date_month	0
arrival_date_week_number	0
arrival_date_day_of_month	0
stays_in_weekend_nights	0
stays_in_week_nights	0
adults	0
children	4
babies	0
meal	0
country	488
market_segmen	0
distribution_channel	0
is_repeated_guest	0
previous_cancellations	0
previous_bookings_not_canceled	0
reserved_room_type	0
assigned_room_type	0
booking_changes	0
deposit_type	0
agent	16340
company	112593
days_in_waiting_list	0
customer_type	0
adr	0

```
required_car_parking_spaces          0
total_of_special_requests            0
reservation_status                   0
reservation_status_date              0
dtype: int64
```

많은 결측값을 가지고 있는 agent와 company 열을 삭제한다.

```
# 결측치를 가지고 있는 agent와 company의 열 삭제
dataset = dataset.drop(['agent', 'company'], axis=1)
```

결측값의 개수가 적은 country 속성의 결측치는 가장 빈번한 값으로 대체한다.

```
# country의 결측치는 가장 빈번한 값으로 대체
dataset['country'] = dataset['country'].fillna(dataset['country'].mode()[0])
```

속성 중에서 예약 상태와 관련 있는 reservation_status와 reservation_status_date를 제거한다. 또한 도착과 관련된 arrival_date_day_of_month와 arrival_date_year를 제거한다. 마지막으로 market_segment와 같은 정보를 제공하는 distribution_channel을 제거한다. 제거 후에 속성 개수를 확인해 보면 21개로 속성 개수가 줄어든 것을 확인할 수 있다.

```
# 분석에 유용하지 않은 속성 제거
dataset = dataset.drop(['reservation_status', 'reservation_status_date'], axis=1)
dataset = dataset.drop(['arrival_date_year', 'arrival_date_day_of_month'], axis=1)
dataset = dataset.drop(['distribution_channel'], axis=1)
```

0 또는 1의 값을 갖는 different_room_assigned와 is_canceled의 값은 True와 False로 변경한다. 데이터셋에 결측치를 포함하고 있는 사례를 제거한다. 마지막으로 행과 열의 개수 및 사례를 확인해 본다. 사례 개수는 118,898로 이전 단계보다 약간 줄어든 것을 알 수 있다.

```
# 1을 True로 0은 False로 변경
dataset['different_room_assigned'] = dataset['different_room_assigned'].replace(1, True)
dataset['different_room_assigned'] = dataset['different_room_assigned'].replace(0, False)
dataset['is_canceled'] = dataset['is_canceled'].replace(1, True)
dataset['is_canceled'] = dataset['is_canceled'].replace(0, False)

# 결측값을 갖는 사례 제거
dataset.dropna(inplace=True)
print(dataset.columns)
print(dataset.shape)
print(dataset.head())
```

```
Index(['hotel', 'is_canceled', 'lead_time', 'arrival_date_month',
       'arrival_date_week_number', 'meal', 'country', 'market_segment',
       'is_repeated_guest', 'previous_cancellations',
       'previous_bookings_not_canceled', 'booking_changes', 'deposit_type',
       'days_in_waiting_list', 'customer_type', 'adr',
       'required_car_parking_spaces', 'total_of_special_requests',
       'total_stay', 'guests', 'different_room_assigned'],
      dtype='object')
(119386, 21)
          hotel     is_canceled lead_time arrival_date_month  ₩
0  Resort Hotel   False              342             July
1  Resort Hotel   False              737             July
2  Resort Hotel   False                7             July
3  Resort Hotel   False               13             July
4  Resort Hotel   False               14             July

   arrival_date_week_number meal country market_segment  is_repeated_guest  ₩
0                        27   BB     PRT  Direct                          0
1                        27   BB     PRT  Direct                          0
2                        27   BB     GBR  Direct                          0
3                        27   BB     GBR  Corporate                       0
4                        27   BB     GBR  Online TA                       0
```

```
     previous_cancellations ...  booking_changes deposit_type  \
0                          0 ...                3   No Deposit

3                          0        1        1.0                     False
4                          1        2        2.0                     False

[5 rows x 21 columns]
```

분석 대상 하위 세트 생성

데이터셋에서 예약금 유형(deposit_type)은 No Deposit, Non Refund, Re-fundable 등 3가지 유형이 있다. 이 유형별로 예약 취소 분포를 확인해 보고 어떤 유형이 문제가 되는지 확인해 보자. 결과를 보면 Non Refund가 True인 경우의 빈도는 매우 작고(93건), Refundable은 예약 건수 자체가 매우 작다(162건). 따라서 이 두 가지 경우를 분석하는 것은 크게 의미가 없는 것을 알 수 있다.

```
# Check number of examples by 'deposit_type' and 'is_canceled'
rs = dataset.groupby(['deposit_type','is_canceled']).count()
print(rs['hotel'])
```

deposit_type	is_canceled	
No Deposit	0	74947
	1	29694
Non Refund	0	93
	1	14494
Refundable	0	126
	1	36

Name: hotel, dtype: int64

데이터셋에서 예약금 유형(deposit_type)이 Non Refund인 경우만 선택하여 분석을 수행하자.

```
# 예약금 유형이 No Deposit 경우의 사례를 얻음
dataset = dataset[dataset.deposit_type=="No Deposit"]
print(dataset.shape)
```

(104641, 25)

예상 횟수 계산

우리는 다른 방을 배정하는 것(different_room_assigned)이 취소(is_cancelled)의
원인이라고 생각할 수 있다. 이때, 다른 요인(예, 예약 변경 횟수 booking_changes)이
다른 방 배정 여부와 예약 취소에 영향을 미칠 수 있고 생각할 수 있다. 즉, 예약 변
경 횟수가 교란요인(confounder)일 가능성이 있다. 따라서 이를 검증해 보도록 하자.
이를 위해 예약 변경 횟수에 대해 서로 다른 상황을 가정하에 1000개의 관측치를
10000회에 걸쳐 무작위로 선택하여 다른 방 배정 여부와 취소 여부가 같은 값(True
또는 False)을 갖는 평균 횟수를 계산해 보고자 한다. 만약 예약 변경 횟수가 이것에
영향을 미친다면 우리는 예약 변경 횟수가 교란요인(confounder)라고 결론지을 수
있다.

첫 번째 시나리오는 예약 변경 횟수에 아무 조건 없이 샘플링을 진행하고 다른
방 배정 여부와 취소 여부가 같은 값(True 또는 False)을 갖는 경우의 수를 계산하자.

```
# Expected count without no condition
counts_sum=0
for i in range(1,10000):
    counts_i = 0
    # 데이터셋에서 1000개의 행을 랜덤 샘플링한다.
    rdf = dataset.sample(1000)
    # is_candeled와 different_room_assigned가 같은 값을 갖는 행들의 개수를 구한다.
    counts_i = rdf[rdf["is_canceled"]==rdf["different_room_assigned"]].shape[0]
    # 1000회 반복하면서, 총 몇 개의 행들이 같은지 계산한다.
    counts_sum+= counts_i
print(counts_sum/10000)
```

프로그램을 실행하면 다른 방 배정 여부와 취소 여부가 같은 값(True 또는 False)을 갖는 경우가 대략 588회이다.

두 번째 시나리오는 예약 변경 사항이 없을 것(booking_changes==0)으로 가정한 후 다른 방 배정 여부와 취소 여부가 같은 값(True 또는 False)을 갖는 경우를 계산해 보자.

```
# Expected count when there are no booking changes
counts_sum=0
for i in range(1,10000):
    counts_i = 0
    # booking_changes가 없는 경우 1000개의 행을 랜덤 샘플링을 한다.
    rdf = dataset[dataset["booking_changes"]==0].sample(1000)
    # is_candeled와 different_room_assigned가 같은 값을 갖는 행들의 개수를 구한다.
    counts_i = rdf[rdf["is_canceled"]== rdf["different_room_assigned"]].shape[0]
    # 1000회 반복하면서, 총 몇 개의 행들이 같은지 계산한다.
    counts_sum+= counts_i
print(counts_sum/10000)
```

573.4709

예약을 변경하지 않은 경우에 다른 방 배정 여부와 취소 여부가 같은 값(True 또는 False)을 갖는 경우는 약 573회로 제약 조건을 설정하지 않은 경우보다 작은 것을 알 수 있다.

세 번째 시나리오는 예약 변경을 한 경우(booking_changes>0)를 가정하여 예상횟수를 계산하였다.

---

4 평균 횟수는 표본 추출이 랜덤하게 진행되기 때문에 약간의 차이가 있을 수 있다. 이하의 실험 결과도 동일하다.

```
# Expected Count when there are booking changes
counts_sum=0
for i in range(1,10000):
    counts_i = 0
    # booking_changes가 있는 경우 1000개의 행을 랜덤 샘플링을 한다.
    rdf = dataset[dataset["booking_changes"]>0].sample(1000)
    # is_candeled와 different_room_assigned가 같은 값을 갖는 행들의 개수를 구한다.
    counts_i = rdf[rdf["is_canceled"]== rdf["different_room_assigned"]].shape[0]
    # 1000회 반복하면서, 총 몇 개의 행들이 같은지 계산한다.
    counts_sum+= counts_i
print(counts_sum/10000)
```

666.5146

이 경우에는 약 666회가 다른 방 배정 여부와 취소 여부가 같은 값(True 또는 False)을 갖는다. 이것은 예약 변경 사항이 없다고 가정(booking_changes==0)한 경우의 횟수와 명확한 차이를 보여준다.

이상의 분석에 따르면 예약 변경 횟수는 다른 방 배정 여부와 취소 여부에 영향을 미치는 것을 알 수 있다. 즉, 예약 변경이 객실 취소에 영향을 미칠 수 있다는 것을 의미한다. 그러나 예약 변경 횟수만이 유일한 교란 요인일까? 데이터셋에 정보가 없는 관찰되지 않은 교란 요소가 있으면 어떻게 될까? 우리는 여전히 이와 같은 주장을 할 수 있을까? 어려울 것이다. 좀 더 구체적인 분석이 필요하다. 따라서 이 문제를 해결하기 위해 우리는 DoWhy를 활용한 분석을 수행할 것이다.

● Step 4: DoWhy를 활용한 인과 관계 추정

1단계: 인과 관계 그래프 생성

이 단계에서는 예측 모델링 문제에 대한 사전 지식 기반의 가정을 인과 그래프(causal graph)로 나타낸다. 이 단계에서 전체 그래프를 지정할 필요는 없으며, 부분 그래프로도 충분하며 나머지는 DoWhy로 알 수 있다. 다음은 인과 관계 그래프로 표현될 가정들이다.

- Market Segment에는 2가지 레벨이 있다. "TA"는 "Travel Agents"를 나타내고 "TO"는 "Tour Operators"를 의미하는데 이것은 리드 타임(단순히 예약과 도착 사이의 일수)에 영향을 미친다.
- Country는 사람이 일찍 예약할지 여부와 어떤 유형의 식사를 선호하는지 결정하는 역할을 한다.
- Lead Time은 분명히 대기자 목록의 일 수에 확실히 영향을 미친다. 예약이 늦을 경우 예약을 알아볼 가능성이 적을 것이다. 또한 리드 타임이 길수록 취소로 이어질 수 있다.
- 대기자 명단에 있는 일 수(The number of Days in Waitlist), 총숙박일 수와 손님 수는 예약 취소 및 유지 여부에 영향을 미칠 수 있다.
- 이전 예약에 대한 유지(previous booking retentions)는 고객 여부에 영향을 미친다. 또한 이 두 변수는 모두 예약 취소 여부에 영향을 미친다. 예를 들어, 과거에 5번의 예약을 유지한 A고객은 이 예약을 유지할 가능성이 더 높다. 마찬가지로 이 예약을 취소한 사람은 같은 것을 반복할 확률이 더 높다.
- 예약 변경(booking changes)은 고객이 예약에 대한 변경 횟수가 다른 객실을 배정받았는지 여부에 영향을 미쳐 취소로 이어질 수도 있다.
- 마지막으로, 예약 변경의 수는 치료(treatment)-다른 객실 배정 여부 및 결과(outcome)-예약 취소 여부에 영향을 미치는 유일한 변수일 가능성이 거의 없으며, 데이터에 캡처된 정보가 없는 일부 관찰되지 않은 교란요소(unobserved confounders)가 있을 수 있다.

이러한 가정을 기반으로 인과 그래프를 생성해 보자.

```
import pygraphviz
causal_graph = """digraph {
different_room_assigned[label="Different Room Assigned"];
is_canceled[label="Booking Cancelled"];
booking_changes[label="Booking Changes"];
```

```
previous_bookings_not_canceled[label="Previous Booking Retentions"];
days_in_waiting_list[label="Days in Waitlist"];
lead_time[label="Lead Time"];
market_segment[label="Market Segment"];
country[label="Country"];
U[label="Unobserved Confounders", observed="no"];
is_repeated_guest;
total_stay;
guests;
meal;
hotel;
U
->{different_room_assigned,required_car_parking_spaces,guests,total_stay,total_of_spe-
cial_requests};
market_segment -> lead_time;
lead_time->is_canceled; country -> lead_time;
different_room_assigned -> is_canceled;
country->meal;
lead_time -> days_in_waiting_list;
days_in_waiting_list ->{is_canceled, different_room_assigned};
previous_bookings_not_canceled -> is_canceled;
previous_bookings_not_canceled -> is_repeated_guest;
is_repeated_guest -> {different_room_assigned, is_canceled};
total_stay -> is_canceled;
guests -> is_canceled;
booking_changes -> different_room_assigned; booking_changes -> is_canceled;
hotel -> {different_room_assigned,is_canceled};
required_car_parking_spaces -> is_canceled;
total_of_special_requests -> {booking_changes,is_canceled};
country->{hotel, required_car_parking_spaces,total_of_special_requests};
market_segment->{hotel, required_car_parking_spaces, total_of_special_requests};
}"""
```

여기서 처방(treatment)은 예약 시 고객이 예약한 동일한 유형의 객실을 할당 받았는지 여부이고 결과(outcome)는 예약이 취소되었는지 여부이다. 공통 원인 (common causes)은 결과와 처방에 인과적 영향을 미치는 변수를 나타낸다. 인과적 가정에 따라 이 기준을 충족하는 2개의 변수는 Booking Changes와 Unobserved Confounders이다. 따라서 권장하지는 않지만 그래프를 명시적으로 지정하지 않는 경우 아래에 언급된 함수에서 매개 변수로 이를 제공할 수도 있다. 인과 관계의 식별을 돕기 위해, 그래프에서 관찰되지 않은 교란 노드를 제거한다. 확인하려면 원본 그래프를 사용하고 다음 코드를 실행하면 된다. Identify_effect 메소드는 효과를 식별할 수 없음을 발견한다.

```
model = dowhy.CausalModel(
        data = dataset,
        graph=causal_graph.replace("\n", " "),
        treatment='different_room_assigned',
        outcome='is_canceled')
model.view_model(size=(16, 12))
from IPython.display import Image, display
display(Image(filename="causal_model.png"))
```

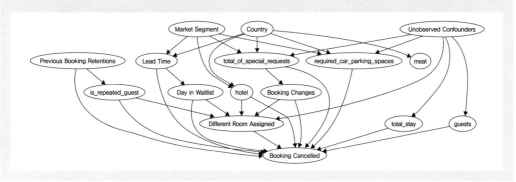

2단계: 인과 관계 파악

만약 처방이 변경되고 다른 모든 것은 일정하게 유지하면서 결과가 변경된다면, 처방이 결과를 야기한다고 볼 수 있다. 따라서 이 단계에서는 인과 그래프의 속성을 사용하여 추정할 인과 효과를 식별한다.

```
# 인과 효과 식별
identified_estimand = model.identify_effect(proceed_when_unidentifiable=True)
print(identified_estimand)
```

Estimand type: EstimandType.NONPARAMETRIC_ATE

Estimand: 1
Estimand name: backdoor
Estimand expression:

$$\frac{d}{d[different\_room\_assigned]}(E[is\_canceled|lead\_time,booking\_changes,hotel,days\_in\_waiting\_list,total\_stay,is\_repeated\_guest,guests,required\_car\_parking\_spaces,total\_of\_special\_requests])$$

Estimand assumption 1, Unconfoundedness: If U→{different_room_assigned} and U→is_canceled then P(is_canceled|different_room_assigned,lead_time,booking_changes,hotel,days_in_waiting_list,total_stay,is_repeated_guest,guests,required_car_parking_spaces,total_of_special_requests,U) =
P(is_canceled|different_room_assigned,lead_time,booking_changes,hotel,days_in_waiting_list,total_stay,is_repeated_guest,guests,required_car_parking_spaces,total_of_special_requests)

Estimand: 2
Estimand name: iv
No such variable(s) found!

Estimand: 3
Estimand name: frontdoor
No such variable(s) found!

3단계: 식별된 견적 추정

인과 관계가 있음이 식별되었다면, 이제 처방의 영향을 추정해야 한다. 이를 위해 estimate_effect 함수를 사용한다. 이 함수의 중요한 파라미터는 식별된 es-timand, 효과 추정 방법론(method_name), 타깃 유닛(target units)이 있다. 효과 추정 방법론에 대해서는 다음 절에서 좀 더 상세하게 논의할 것이다. 타깃 유닛(target units)에는 평균인과효과를 설정하는데, ATE(Average Treatment Effect), ATT(Average Treatment Effect on Treated), ATC(Average Treatment Effect on Control) 등이 있다. 평균인과효과는 인과효과를 추정하는 방법으로 연구 대상자가 처치를 받았을 때와 처치를 받지 않았을 때의 잠재적 결과의 차이이다. 원인과 결과 이외의 모든 변인의 통제가 가정되기 때문에 잠재적 결과의 차이를 계산하는 것만으로 인과효과를 추론할 수 있다. 평균인과효과 중 ATE는 "모집단 전체"에 대한 평균처치효과이고, ATT는 "처치군"에 대한 평균처치효과, ATC는 "통제군"에 대한 평균처치효과다.

$$ATE = E[Y1 - Y0]$$
$$ATT = E[Y1 - Y0|X = 1]$$
$$ATC = E[Y1 - Y0|X = 0]$$

[ATE와 ATT]

효과 추정

```
estimate = model.estimate_effect(identified_estimand,
method_name="backdoor.propensity_score_weighting",target_units="ate")
print(estimate)
```

propensity_score_weighting

*** Causal Estimate ***

Identified estimand
Estimand type: nonparametric-ate

```
### Estimand: 1
Estimand name: backdoor
Estimand expression:
        d
─────────────────────────────(E[is_canceled||lead_time,hotel,booking_changes,days_
d[different_room_assigned]

in_waiting_list,guests,total_of_special_requests,is_repeated_guest,required_car
_parking_spaces,total_stay])

Estimand assumption 1, Unconfoundedness: If U→{different_room_assigned} and
U→is_canceled then
P(is_canceled|different_room_assigned,lead_time,hotel,booking_changes,days_in_waiting_
list,guests,total_of_special_requests,is_repeated_guest,required_car_parking_spaces,total_
stay,U) =
P(is_canceled|different_room_assigned,lead_time,hotel,booking_changes,days_in_waiting_
list,guests,total_of_special_requests,is_repeated_guest,required_car_parking_spaces,total_
stay)
## Realized estimand
b:
is_canceled~different_room_assigned+lead_time+hotel+booking_changes+days_in_wait-
ing_list+guests+total_of_special_requests+is_repeated_guest+required_car_parking_
spaces+total_stay

Target units: ate
...

## Estimate
Mean value: -0.26221707560665347
```

결과를 보면 다른 객실을 배정하면 취소 가능성이 약 26%(mean value: -0.262) 줄어든다는 것을 알 수 있다. 여기에서 설정한 인과 관계가 올바른 인과 관계일까?

예약한 객실을 사용할 수 없는 경우에만 다른 객실이 배정되며, 다른 객실을 배정하는 것이 고객에게 긍정적인 영향을 미칠 수 있을까?

다른 메커니즘이 작용할 수도 있다. 아마도 체크인 시에만 다른 방을 배정하고, 고객이 이미 호텔에 있는 경우에는 취소될 가능성이 낮을까? 이 경우 그래프에는 이러한 이벤트가 발생하는 시기에 대한 중요한 변수가 누락되어 있다. 다른 객실 배정(different_room_assigned)이 대부분 예약 당일에 진행되는가? 그 변수를 알면 그래프와 분석을 개선하는 데 도움이 될 수 있다.

초기에 연관 분석은 is_canceled와 different_room_assigned과의 긍정적인 상관 관계를 나타내었지만, DoWhy를 사용하여 인과 관계를 추정하면 다른 그림이 나타난다. 호텔에서 다른 객실 배정(different_room_assigned)의 수를 줄이기 위한 의사결정 또는 정책이 역효과를 가져올 수도 있다는 것을 의미한다.

4단계: 결과 반박

인과 관계 분야는 데이터에서 나온 것이 아니다. 그것은 식별(identification)로 이어지는 가정(assumption)에서 비롯된 것이다. 데이터는 단순히 통계적 추정에 사용된다. 따라서 우리의 가정이 첫 번째 단계에서 정확했는지 여부를 확인하는 것이 중요하다. 다른 일반적인 원인이 존재하면 어떻게 되는가? 처방 자체가 위약이면 어떻게 될까? 이런 문제에 대한 검증을 하는 것이 4단계의 목적이다.

방법-1[무작위 공통 원인(random common cause)]: 데이터에 무작위로 추출된 공변량을 추가하고 분석을 다시 실행하여 인과 추정치가 변경되는지 여부를 확인한다. 우리의 가정이 원래 옳았다면 인과 관계 추정치는 크게 변하지 않아야 한다.

```
# 반박 1 - random_common_cause
refute1_results=model.refute_estimate(identified_estimand, estimate,
        method_name="random_common_cause")
print(refute1_results)
```

```
Refute: Add a random common cause
Estimated effect:-0.26209831208146867
New effect:-0.2620983120814687
```

본 예제의 결과를 보면 Estimated effect와 New effect의 인과 추정치가 거의 변화가 없으므로 문제가 없는 것으로 보인다.

방법-2[위약 치료 반박자(placebo treatment refuter)]: 임의의 공변량을 처방으로 무작위로 할당하고 분석을 다시 실행한다. 우리의 가정이 정확하다면 새로 발견된 이 추정치는 0에 가까워야 한다.

```
# 반박 2 - placebo_treatment_refuter
refute2_results=model.refute_estimate(identified_estimand, estimate,
        method_name="placebo_treatment_refuter")
print(refute2_results)
```
```
Refute: Use a Placebo Treatment
Estimated effect:-0.26209831208146867
New effect:0.055697880643255274
p value: 0.98
```

결과를 보면 새로운 효과는 0.05로 매우 작은 것을 알 수 있다. 따라서 위약 처방에 의한 효과는 없는 것으로 볼 수 있다. p-값은 New effect가 통계적으로 유의하게 0과 다른지를 검정하는 것이며, p-값은<0.05라면 New effect가 0과 다르기 때문에 인과 추정치가 문제가 있다는 것을 의미한다. 하지만 본 예제의 결과는 p-값이 0.98이므로 인과 추정치는 문제가 없는 것으로 보인다.

방법-3[데이터 하위 집합 반박자(Data Subset Refuter)]: 데이터 하위 집합(교차 검증과 유사)을 만들고 인과 관계 추정치가 하위 집합에 따라 다른지 확인한다. 우리의 가정이 옳았다면 분산이 크지 않다.

```
# 반박 3 - data_subset_refuter
refute3_results=model.refute_estimate(identified_estimand, estimate,
        method_name="data_subset_refuter")
print(refute3_results)
```

Refute: Use a subset of data
Estimated effect: -0.26209831208146867
New effect: -0.2620951611391253
p value: 0.88

Estimated effect 와 New effect가 거의 같은 결과를 보여준다. p-값은 New effect가 통계적으로 유의하게 Estimated effect와 다른지를 검정한다. p-값은 <0.05라면 두 effect가 다르기 때문에 인과 추정치가 문제가 있다는 것을 의미한다. 그러나 본 예제의 결과를 보면 p-값이 0.98으로 인과 추정치에는 문제가 없는 것으로 보인다.

이상의 반박에 의한 검정에서 우리의 추정치가 세 가지 반박 테스트를 모두 통과했음을 알 수 있다. 이것이 정확성을 증명하지는 않지만 추정치에 대한 신뢰도를 높인다.

결론

이번 장에서는 구조적 인과 관계를 기반으로 인과 관계의 존재 여부는 판별하고 영향을 원인이 되는 변수의 출력에 대한 영향을 추정하는 DoWhy를 활용한 인과 추론 방법에 대해서 배웠다. DoWhy는 이런 인과 영향 분석에 대한 적절성을 지지하기 위한 방법으로 결론을 기각할 수 있는 반박들을 검토하여 반박이 작동하지 않는다는 점을 확인하여 영향 추정이 옳다고 주장하는 방법을 채택한다. 즉, 반박을 통해 영향이 잘못됐다고 판단할 수 없다는 것을 증명하여 영향에 대한 주장이 옳다고 보는 것이다. 접근 방법이 이런 증명 방법을 채택한 것은 증명이 맞다고 증명할 수 있는 데이터가 없기 때문이다.

인과 추론을 적용하기 위해서는 변수들 간의 관계에 관한 사전 지식이 있어 인과 그래프를 통해 표현할 수 있어야 한다. 그러나 인과 관계를 도출할 수 있는 전문가가 없거나, 있더라도 전문가도 정확한 인과 관계를 도출할 수 없다면 우리는 대안으로 해결할 수 있는 방법을 찾아야 한다. 다음 장에서는 이와 관련하여 알고리즘을 기반으로 인과 관계를 자동으로 찾아 주는 인과 발견 분석에 대해 학습하도록 하자.

Chapter 05

인과 발견 분석

Chapter 05

인과 발견 분석

 ## 서론

이전 장에서 우리는 관측값만을 가지고 구조적 인과 관계에 기반을 두고, 특정한 개입이 발생할 때 결과에 미치는 영향을 분석할 수 있는 방법에 대해 학습하였다. 방법에서 인과 관계를 제대로 정의하는 것은 핵심적인 문제다. 인과 관계의 정의는 일반적으로 도메인 전문가가 수행한다. 문제는 도메인 전문가가 없는 경우에는 어떻게 할 것이냐이다.

이 문제를 해결하는 데 활용할 수 있는 방법이 인과 발견(causal discovery)이다. 인과 발견은 주어진 관측값 데이터에서 인과 관계를 알고리즘에 근거하여 생성하는 것을 목표로 한다. 인과 탐색을 위한 다양한 방법이 제안되었다[18, 19]. 본 장에서는 LiNGAM 패키지를 사용하여 인과 발견을 수행하는 방법에 대해 학습한다[20]. LiNGAM은 순수하게 관찰되고 연속적인 값 데이터를 기반으로 선형, 비가우스, 비순환 인과 모델을 식별한다. 이 방법은 표준 구조 방정식 모델 프레임워크의 확장으로 볼 수 있다.

 ## 패키지 설치

LiNGAM을 사용하기 위해 아래와 같이 패키지를 설치하자.

```
pip install lingam
pip install igraph
pip install factor_analyzer
conda install python-graphviz
```

주의: python-graphviz는 반드시 conda를 사용하여 설치한다.

 분석 방법 이해

DirectLiNGAM은 기본 LiNGAM 모델을 학습하기 위한 직접적인 방법이다 [21]. 이 방법은 엔트로피 기반 측정 값을 사용하여 오차 변수 간의 독립성을 평가한다. 기본 LiNGAM 모델은 선형성(Linearity), 비가우스 연속 오차 변수(최대 하나 제외, Non-Gaussian continuous error variables(except at most one)), 비순환성(acyclicity), 숨겨진 공통 원인 부존재(No hidden common causes) 등을 가정한다. 저자들은 다음과 같이 작동 방법을 설명한다.

우리 방법의 기본 아이디어는 다음과 같다. 먼저 여러 쌍의 회귀 분석의 잔차에 대한 독립성을 바탕으로 외생 변수를 찾는다(Lemma 1). 다음으로 최소 제곱법을 사용하여 외부 변수의 효과를 다른 변수에서 제거한다. 그런 다음, 우리는 LiNGAM이 잔차에 대해서도 유지된다는 것을 보여주고(Lemma 2), 잔차의 동일한 순서가 원래 관측된 변수에 대해서도 인과적 순서임을 보여준다(결과 1). 따라서 잔차와 해당 LiNGAM을 분석하여 원래 관측 변수의 인과 순서에서 두 번째 변수를 찾을 수 있다. 즉, 잔차에 Lemma 1을 적용하고 "외생적인" 잔차를 찾는 것이다. 이러한 효과 제거 및 인과 순서의 반복은 원래 변수의 인과 순서를 추정한다.

DirectLiNGAM은 다양한 분야에 사용되었다. 예를 들어, 기본 LiNGAM 모델을 사용하여 LDL, HDL 및 γGT를 포함한 건강 지표의 인과 관계를 추론에 사용되었다[21]. 이제 시뮬레이션 데이터를 사용하여 DirectLiNGAM이 어떻게 작동되는지 확인해 보자.

●● Step 1: 라이브러리 가져오기

본 분석을 위해 numpy, panda, graphviz, lingam를 가져온다.

```
import numpy as np
import pandas as pd
import graphviz
import lingam
from lingam.utils import make_dot


print([np.__version__, pd.__version__, graphviz.__version__, lingam.__version__])


np.set_printoptions(precision=3, suppress=True)
np.random.seed(100)
```
```
['1.23.4', '1.5.1', '0.20.1', '1.7.0']
```

●● Step 2: 검증 데이터 생성

의도적으로 인과 관계를 가정하고 변수들을 생성해 보자. X0 ~ X5의 6개의 변수가 있고, 변수 간에는 다음과 같은 인과 관계가 있다고 가정하고 데이터를 생성한다. X3은 X0과 X2의 생성에 영향을 미치고, X1은 X0과 X2의 영향을 받아 생성되고, X5는 X0의 영향을 받아 생성된다. 마지막으로, X4는 X0과 X2의 영향을 받는다.

```
x3 = np.random.uniform(size=1000)
x0 = 3.0*x3 + np.random.uniform(size=1000)
x2 = 6.0*x3 + np.random.uniform(size=1000)
x1 = 3.0*x0 + 2.0*x2 + np.random.uniform(size=1000)
x5 = 4.0*x0 + np.random.uniform(size=1000)
x4 = 8.0*x0 - 1.0*x2 + np.random.uniform(size=1000)
X = pd.DataFrame(np.array([x0, x1, x2, x3, x4, x5]).T ,columns=['x0', 'x1', 'x2', 'x3', 'x4', 'x5'])
X.head()
```

	x0	x1	x2	x3	x4	x5
0	1.657947	12.090323	3.519873	0.543405	10.182785	7.401408
1	1.217345	7.607388	1.693219	0.278369	8.758949	4.912979
2	2.226804	13.483555	3.201513	0.424518	15.398626	9.098729
3	2.756527	20.654225	6.037873	0.844776	16.795156	11.147294
4	0.319283	3.340782	0.727265	0.004719	2.343100	2.037974

데이터 생성에 반영된 인과 관계를 생성해 보자. 아래의 m은 각 변수 간의 관계를 나타내는 것이다. 이것을 사용해 인과 관계 그래프를 생성하기 위해 make_dot(m)를 호출한다. 생성된 dot는 pdf 파일과 png 파일로 생성한다.

```
m = np.array([[0.0, 0.0, 0.0, 3.0, 0.0, 0.0],
              [3.0, 0.0, 2.0, 0.0, 0.0, 0.0],
              [0.0, 0.0, 0.0, 6.0, 0.0, 0.0],
              [0.0, 0.0, 0.0, 0.0, 0.0, 0.0],
              [8.0, 0.0, -1.0, 0.0, 0.0, 0.0],
              [4.0, 0.0, 0.0, 0.0, 0.0, 0.0]])

dot = make_dot(m)

# Save pdf
dot.render('dag')

# Save png
dot.format = 'png'
dot.render('dag')

dot
```

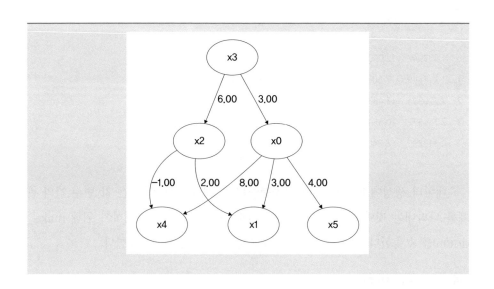

● Step 3: 인과 관계 발견

이 데이터셋을 활용하여 인과 관계를 발견할 수 있는지 검증을 해 보자. DirectLiNGAM 알고리즘을 실행하려면 DirectLiNGAM 개체를 만들고 fit() 메소드를 호출한다.

```
model = lingam.DirectLiNGAM()
model.fit(X)
```

인접 행렬(adjacency matrix)을 프린트해 보자. 그래프 이론과 컴퓨터 과학에서, 인접 행렬은 유한한 그래프를 나타내기 위해 사용되는 정사각형 행렬이다.

```
print(model.causal_order_)
[3, 0, 2, 1, 4, 5]
```

```
print(model.adjacency_matrix_)
```

```
array [[ 0.   , 0.   , 0.   , 2.994, 0.   , 0.   ]
       [ 2.995, 0.   , 1.993, 0.   , 0.   , 0.   ]
       [ 0.   , 0.   , 0.   , 5.586, 0.   , 0.   ]
       [ 0.   , 0.   , 0.   , 0.   , 0.   , 0.   ]
       [ 7.981, 0.   , -0.996, 0.   , 0.   , 0.   ]
       [ 3.795, 0.   , 0.   , 0.   , 0.   , 0.   ]])
```

마지막으로 인과 영향 그래프를 생성해 보자. 생성된 그래프와 원래 그래프를 비교해 보자. 어떤 차이가 있는지 확인해 보자.

```
make_dot(model.adjacency_matrix_)
```

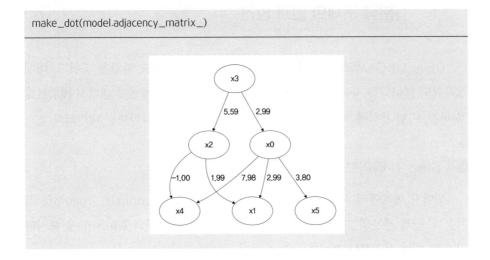

◉ Step 4: 오차 변수 간의 독립성 검증

LiNGAM 가정이 깨졌는지 확인하기 위해 오차 변수 간의 독립성 p-값을 구할 수 있다. 얻은 행렬의 i번째 행과 j번째 열에 있는 값은 오류 변수 e_i와 e_j의 독립성의 p-값을 나타낸다.

```
p_values = model.get_error_independence_p_values(X)
print(p_values)
```

```
[[0       0.925  0.354  0.978  0.866  0.256]
 [0.925  0       0.235  0.881  0.341  0.458]
 [0.354  0.235  0.235  0.105  0.704  0.563]
 [0.978  0.881  0.105  0       0.696  0.232]
 [0.866  0.341  0.704  0.696  0       0.655]
 [0.256  0.458  0.563  0.232  0.655  0      ]]
```

 분류 문제의 인과 발견

DirectLiNGAM의 작동 방법에 대해 이해가 어느 정도 되었을 것이다. 이제 실무적인 데이터를 사용하여 DirectLiNGAM을 사용하는 방법에 대해서 배워보도록 하자. 이번 분석에 사용하는 데이터는 포도주의 품질을 나타내는 데이터다.

◉ Step 1: 라이브러리 가져오기

위에서 예제에서 사용했던 것처럼 numpy, panda, graphviz, lingam를 가져온다. 아래 부분의 코드는 로깅과 관련된 것으로 sklearn의 Warning을 표시하지 않기 위해 설정하는 것이다.

```
import numpy as np
import pandas as pd
import graphviz
import lingam
from lingam.utils import make_dot
from lingam.utils import make_prior_knowledge
print([np.__version__, pd.__version__, graphviz.__version__, lingam.__version__])
np.set_printoptions(precision=3, suppress=True)
np.random.seed(100)
```

['1.23.2', '1.4.4', '0.20.1', '1.6.0']

◉ Step 2: 커스텀 함수 만들기

인접 행렬과 라벨을 입력 값으로 받아 그래프를 생성하는 함수를 만들어 보자.

```
def make_graph(adjacency_matrix, labels=None):
    idx = np.abs(adjacency_matrix) > 0.01
    dirs = np.where(idx)
    d = graphviz.Digraph(engine='dot')
    names = labels if labels else [f'x[1]' for i in range(len(adjacency_matrix))]
    for to, from_, coef in zip(dirs[0], dirs[1], adjacency_matrix[idx]):
        d.edge(names[from_], names[to], label=f'{coef:.2f}')
    return d
```

◉ Step 3: 데이터 로딩하기

Pandas의 read_csv( ) 함수를 사용하여 데이터를 로딩한다. 데이터를 로딩한 후 quality 속성 값이 5보다 크면 1, 아니면 0으로 이항 값을 만들자. 작업 후에 X 의 행과 열 및 최초 5행의 데이터를 출력해 보자.

```
X = pd.read_csv('winequality-red.csv', sep=';')
X['quality'] = np.where(X['quality']>5, 1, 0)
print(X.head())
print(X.shape)
```

	fixed acidity	volatile acidity	citric acid	residual sugar	chlorides \
0	7.4	0.70	0.00	1.9	0.076
1	7.8	0.88	0.00	2.6	0.098
2	7.8	0.76	0.04	2.3	0.092
3	11.2	0.28	0.56	1.9	0.075
4	7.4	0.70	0.00	1.9	0.076

	free sulfur dioxide	total sulfur dioxide	density	pH	sulphates \
0	11.0	34.0	0.9978	3.51	0.56
1	25.0	67.0	0.9968	3.20	0.68
2	15.0	54.0	0.9970	3.26	0.65
3	17.0	60.0	0.9980	3.16	0.58
4	11.0	34.0	0.9978	3.51	0.56

	alcohol	quality
0	9.4	0
1	9.8	0
2	9.8	0
3	9.8	1
4	9.4	0

(1599, 12)

◖◗ Step 4: 모델링 하기

Lingam.utils.make_prior_knowledge 함수를 사용하여 사전 지식 행렬 (matrix of prior knowledge)을 만들자.

변수의 개수(n_variables)는 X의 열 개수(len(X.columns))설정하고, 싱크 변수 (sink_variables)는 11번째 변수, 즉 quality를 지정하도록 사전 지식 함수를 생성해 보자. 그래프 이론에서 싱크(sink) 또는 데이터 싱크(data sink)는 일반적으로 데이터 흐름의 목적지를 지칭한다.

```
pk = make_prior_knowledge(n_variables=len(X.columns), sink_variables=[11])
```

이제 LiNGAM 알고리즘을 사용하여 인과 관계를 학습하는 모델을 생성할 수 있는 준비가 되었다. 위에서 정의한 make_graph( ) 함수에 학습된 인접 행렬 (model.adjacency_matrix_)과 라벨을 제공하여 그래프를 생성해 보자.

```
model = lingam.DirectLiNGAM(prior_knowledge=pk)
model.fit(X)
labels = [f'[1]. {col}' for i, col in enumerate(X.columns)]
print(labels)
dot = make_graph(model.adjacency_matrix_, labels)
print(dot)
```

['0. fixed acidity', '1. volatile acidity', '2. citric acid', '3. residual sugar', '4. chlorides', '5. free sulfur dioxide', '6. total sulfur dioxide', '7. density', '8. pH', '9. sulphates', '10. alcohol', '11. quality']

```
digraph {
        "0. fixed acidity" -> "1. volatile acidity" [label=0.02]

        "2. citric acid" -> "1. volatile acidity" [label=-0.68]

        "4. chlorides" -> "1. volatile acidity" [label=0.69]

        "7. density" -> "1. volatile acidity" [label=11.72]

        "8. pH" -> "1. volatile acidity" [label=0.10]

        "0. fixed acidity" -> "2. citric acid" [label=0.09]

        "3. residual sugar" -> "2. citric acid" [label=0.02]

        "4. chlorides" -> "2. citric acid" [label=0.70]

        "7. density" -> "2. citric acid" [label=-29.64]

        "0. fixed acidity" -> "3. residual sugar" [label=0.09]

        "7. density" -> "4. chlorides" [label=4.11]
```

```
"0. fixed acidity" -> "5. free sulfur dioxide" [label=-1.07]

"3. residual sugar" -> "5. free sulfur dioxide" [label=1.54]

"3. residual sugar" -> "6. total sulfur dioxide" [label=1.44]

"5. free sulfur dioxide" -> "6. total sulfur dioxide" [label=1.99]

"0. fixed acidity" -> "8. pH" [label=-0.08]

"4. chlorides" -> "8. pH" [label=-0.76]

"7. density" -> "8. pH" [label=27.46]

"1. volatile acidity" -> "9. sulphates" [label=-0.20]

"2. citric acid" -> "9. sulphates" [label=0.09]

"4. chlorides" -> "9. sulphates" [label=1.24]

"7. density" -> "9. sulphates" [label=4.69]

"0. fixed acidity" -> "10. alcohol" [label=0.53]

"1. volatile acidity" -> "10. alcohol" [label=0.36]

"2. citric acid" -> "10. alcohol" [label=0.83]

"3. residual sugar" -> "10. alcohol" [label=0.28]

"4. chlorides" -> "10. alcohol" [label=-1.46]

"7. density" -> "10. alcohol" [label=-617.38]

"8. pH" -> "10. alcohol" [label=3.76]

"9. sulphates" -> "10. alcohol" [label=1.25]

"1. volatile acidity" -> "11. quality" [label=-0.50]

"4. chlorides" -> "11. quality" [label=-0.63]

"9. sulphates" -> "11. quality" [label=0.44]

"10. alcohol" -> "11. quality" [label=0.15]

}
```

생성된 digraph를 make_dot( ) 함수를 사용하여 인과 그래프로 출력할 수 있다.

```
make_dot(model.adjacency_matrix_, labels)
```

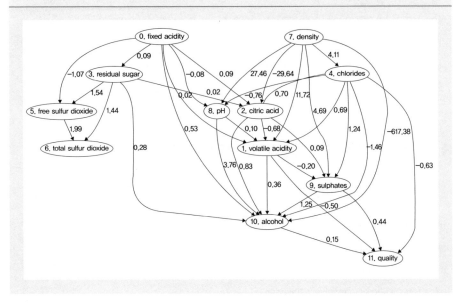

Step 5: 변수 오차 간 독립성 검증

생성된 결과가 LiNGAM의 가정을 만족시켰는지 확인하기 위해 오차 변수 간의 독립성에 대한 p-값을 계산해 보자. 얻은 행렬의 i번째 행과 j번째 열에 있는 값은 오류 변수 e_i와 e_j의 독립성의 p-값을 나타낸다.

```
p_values = model.get_error_independence_p_values(X)
print(p_values)

[[0.     0.007 0.     0.     0.     0.008 0.     0.     0.     0.     0.     0.    ]
 [0.007  0.     0.013 0.     0.001  0.14  0.     0.015 0.     0.003 0.04  0.    ]
 [0.     0.013  0.     0.001 0.     0.349 0.     0.     0.243 0.     0.     0.    ]
 [0.     0.     0.001  0.     0.     0.    0.     0.     0.     0.002 0.     0.008]
 [0.     0.001  0.     0.     0.     0.    0.002 0.     0.     0.     0.     0.    ]
 [0.008  0.14   0.349  0.     0.     0.    0.     0.016 0.261 0.     0.248 0.038]
 [0.     0.     0.     0.     0.002  0.    0.     0.     0.002 0.     0.     0.    ]
```

```
 [0.    0.015 0.    0.    0.    0.016 0.    0.    0.    0.    0.    0.   ]
 [0.    0.    0.243 0.    0.    0.261 0.002 0.    0.    0.    0.032 0.   ]
 [0.    0.003 0.    0.002 0.    0.    0.    0.    0.    0.    0.007 0.   ]
 [0.    0.04  0.    0.    0.    0.248 0.    0.    0.032 0.007 0.    0.   ]
 [0.    0.    0.    0.008 0.    0.038 0.    0.    0.    0.    0.    0.   ]]
```

◑ Step 6: 예측 모델 생성과 예측 영향도 분석

레이블(quality)이 이산 값이기 때문에 로지스틱 회귀를 생성했다.

```python
from sklearn.linear_model import LogisticRegression
target = 11 # quality
features = [i for i in range(X.shape[1]) if i != target]
reg = LogisticRegression(solver='liblinear')
reg.fit(X.iloc[:, features].values, X.iloc[:, target].values)
```

예측에 가장 큰 영향을 갖는 속성을 찾기 위해 우리는 Causal Effect 객체를 생성하고 estimate_effects_on_prediction 함수를 호출한다.

```python
ce = lingam.CausalEffect(model)
effects = ce.estimate_effects_on_prediction(X.values, target, reg)
df_effects = pd.DataFrame()
df_effects['feature'] = X.columns
df_effects['effect_plus'] = effects[:, 0]
df_effects['effect_minus'] = effects[:, 1]
df_effects
```

	feature	effect_plus	effect_minus
0	fixed acidity	0.097937	0.100212
1	volatile acidity	0.289420	0.271221
2	citric acid	0.215667	0.227018
3	residual sugar	0.028088	0.028272
4	chlorides	0.011968	0.011935
5	free sulfur dioxide	0.072058	0.070874
6	total sulfur dioxide	0.382919	0.351696
7	density	0.551728	0.489158
8	pH	0.113540	0.116610
9	sulphates	0.239499	0.253579
10	alcohol	0.411940	0.455436
11	quality	0.000000	0.000000

최대 영향을 미치는 속성을 얻기 위해 아래와 같이 실행해 보자.

```
max_index = np.unravel_index(np.argmax(effects), effects.shape)
print(X.columns[max_index[0]])
```

density

 수치 예측 문제의 인과 발견

레이블이 수치인 경우 인과 관계 발견 과정은 목표 변수가 이항 변수인 경우와 같다. 다만 모델링은 수치 목표 변수를 예측하기 때문에 선형 회귀 모델링을 사용한다.

● Step 1: 라이브러리 가져오기

분석에 필요한 numpy, panda, graphviz, lingam 등의 라이브러리를 가져온다.

```
import numpy as np
import pandas as pd
import graphviz
import lingam
from lingam.utils import make_dot
from lingam.utils import make_prior_knowledge
print([np.__version__, pd.__version__, graphviz.__version__, lingam.__version__])
np.set_printoptions(precision=3, suppress=True)
np.random.seed(100)
```

```
['1.23.2', '1.4.4', '0.20.1', '1.6.0']
```

⬤ Step 2: 커스텀 함수 만들기

인접 행렬과 라벨을 입력 값으로 받아 그래프를 생성하는 함수를 만든다.

```
def make_graph(adjacency_matrix, labels=None):
    idx = np.abs(adjacency_matrix) > 0.01
    dirs = np.where(idx)
    d = graphviz.Digraph(engine='dot')
    names = labels if labels else [f'x[1]' for i in range(len(adjacency_matrix))]
    for to, from_, coef in zip(dirs[0], dirs[1], adjacency_matrix[idx]):
        d.edge(names[from_], names[to], label=f'{coef:.2f}')
    return d
```

⬤ Step 3: 데이터 로딩하기

본 데이터는 다양한 자동차의 연비 성능을 나타낸다. 데이터셋의 398개로 구성되어 있고, 레이블 속성을 포함하여 9개의 속성을 가지고 있다. 속성의 의미는 다음과 같다. 마력(Horsepower)가 6개의 결측값을 가지고 있다.

표 5-1 Auto-mpg 데이터셋 속성 정보

속성이름	변수유형	의미
mpg	수치	연비(Mileage per gallon)
cylinders	범주	실린더 개수
displacement	수치	배기량
horsepower	수치	마력
weight	수치	무게
acceleration	수치	엔진이 초당 얻을 수 있는 사속력
model year	범주	출시 년도
origin	범주	제조 장소(1: 미국, 2: 유럽, 3: 일본)
car name	범주	자동차 이름

데이터를 로딩한 후 결측값을 가지고 있는 사례를 제거하고, 범주 속성 열은 제거하자.

```python
missing_values = [ "?"]
X = pd.read_csv('auto-mpg.csv', na_values = missing_values)
print(X.shape)
print(X.head())
# 결측치 제거
X.dropna(inplace=True)
# 범주속성 제거
X.drop(['model year', 'origin', 'car name'], axis=1, inplace=True)
print(X.shape)
```

```
(406, 9)
    mpg cylinders displacement horsepower weight acceleration \
0  18.0        8        307.0       130.0   3504         12.0
1  15.0        8        350.0       165.0   3693         11.5
2  18.0        8        318.0       150.0   3436         11.0
3  16.0        8        304.0       150.0   3433         12.0
4  17.0        8        302.0       140.0   3449         10.5

    model year origin              car name
0         70      1 chevrolet chevelle malibu
1         70      1        buick skylark 320
2         70      1        plymouth satellite
3         70      1             amc rebel sst
4         70      1                ford torino
(392, 6)
```

● Step 4: 모델링 하기

LiNGAM 알고리즘을 사용하여 인과 관계를 학습하는 모델(model)을 생성
하자. 인과 그래프를 생성하는 make_graph( ) 함수에 학습된 모델의 인접 행렬
(model.adjacency_matrix_)과 라벨을 변수 값으로 제공하여 그래프를 생성하자.

```
pk = make_prior_knowledge(n_variables=len(X.columns), sink_variables=[0])
model = lingam.DirectLiNGAM(prior_knowledge=pk)
model.fit(X)
labels = [f'[1]. {col}' for i, col in enumerate(X.columns)]
dot = make_graph(model.adjacency_matrix_, labels)
print(dot)
```

```
digraph {
        "[3]. horsepower" -> "[0]. mpg" [label=-0.04]

        "[1]. cylinders" -> "[2]. displacement" [label=35.79]

        "[4]. weight" -> "[2]. displacement" [label=0.05]

        "[2]. displacement" -> "[3]. horsepower" [label=0.11]

        "[4]. weight" -> "[3]. horsepower" [label=0.02]

        "[5]. acceleration" -> "[3]. horsepower" [label=-4.77]

        "[1]. cylinders" -> "[4]. weight" [label=446.93]

        "[2]. displacement" -> "[5]. acceleration" [label=-0.03]

}
```

인과 그래프를 출력하기 위해 make_dot( ) 함수를 사용하여 생성된 digraph 를 그림으로 출력하자.

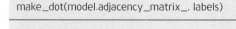

make_dot(model.adjacency_matrix_, labels)

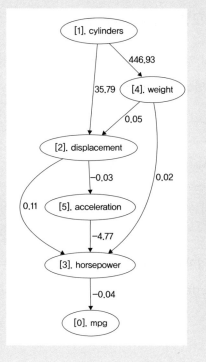

◐ Step 5: 변수 오차 간 독립성 검증

LiNGAM 가정이 유지되는지 확인하기 위해 오차 변수 간의 독립성 p-값을 구할 수 있다. 얻은 행렬의 i번째 행과 j번째 열에 있는 값은 오류 변수 e_i와 e_j의 독립성의 p-값을 나타낸다.

```
p_values = model.get_error_independence_p_values(X)
print(p_values)

[[0.      0.      0.      0.244   0.001   0.    ]
 [0.      0.      0.      0.      0.009   0.    ]
 [0.      0.      0.      0.      0.007   0.215]
 [0.244   0.      0.      0.      0.151   0.091]
 [0.001   0.009   0.007   0.151   0.      0.829]
 [0.      0.      0.215   0.091   0.829   0.    ]]
```

◐ Step 6: 예측 모델 생성과 예측 영향도 분석

타깃(mpg)가 수치 값이기 때문에 선형 회귀 모델링 알고리즘의 일종인 LassoCV를 사용하여 모델을 생성하였다.

```
from sklearn.linear_model import LassoCV
target = 0 # mpg
features = [i for i in range(X.shape[1]) if i != target]
reg = LassoCV(cv=5, random_state=0)
reg.fit(X.iloc[:, features].values, X.iloc[:, target].values)
```

예측에 가장 큰 영향을 갖는 속성을 찾기 위해 우리는 Causal Effect 객체를 생성하고 estimate_effects_on_prediction 함수를 호출하였다.

```
ce = lingam.CausalEffect(model)
effects = ce.estimate_effects_on_prediction(X.values, target, reg)
df_effects = pd.DataFrame()
df_effects['feature'] = X.columns
df_effects['effect_plus'] = effects[:, 0]
df_effects['effect_minus'] = effects[:, 1]
df_effects
```

	feature	effect_plus	effect_minus
0	mpg	0.000000	0.000000
1	cylinders	5.969067	5.969067
2	displacement	1.358181	1.358181
3	horsepower	1.047548	1.047548
4	weight	5.767769	5.767769
5	acceleration	0.358160	0.358160

최대 영향을 미치는 속성을 얻기 위해 아래와 같이 실행해 보자.

```
max_index = np.unravel_index(np.argmax(effects), effects.shape)
print(X.columns[max_index[0]])
```

Cylinders

● Step 7: 최적 개입의 추정

개입 이후 관측의 예측의 기대 갑시 특정한 값과 같거나 근접하게 하는 개입을 추정하기 위해 Causal Effect의 estimate_optimal_intervention 함수를 사용하였다. 최적 개입(optimal intervention)은 개입 후 관측치의 예측에 대한 기대가 지정된 값과 같거나 가까운 경우의 개입 추정치다.

목표 연비(mpg)가 15, 21, 30일 때 이를 달성하기 위한 최적 실린더(cylinders) 개수를 추정하기 위해 아래와 같이 수행하였다.

```
# mpg = 15
c = ce.estimate_optimal_intervention(X, target, reg, 1, 15)
print(f'Optimal intervention: {c:.3f}')


# mpg = 21
c = ce.estimate_optimal_intervention(X, target, reg, 1, 21)
print(f'Optimal intervention: {c:.3f}')


# mpg = 30
c = ce.estimate_optimal_intervention(X, target, reg, 1, 30)
print(f'Optimal intervention: {c:.3f}')
```

```
Optimal intervention: 7.882
Optimal intervention: 6.170
Optimal intervention: 3.601
```

 ## 결론

　이번 장에서는 인과 관계를 알고리즘을 사용하여 데이터로부터 자동으로 추출하는 인과 발견 방법을 학습했다. 인과 발견은 도메인 전문가가 없을 때 또는 도메인 전문가가 있더라도 전문가의 인과 모델 정의를 돕는 데 도움이 될 수 있다. 인과 발견의 문제점은 도출된 인과 관계가 맞는가 하는 점이다. 경우에 따라서 도출된 인과 관계가 상식에 맞지 않을 수도 있다는 것이다. 따라서 도출된 결과를 맹신하지 말고 사용할 때는 주의가 필요하다.

　이제까지 우리는 분류와 회귀와 관련된 인과 분석 방법에 대해서 학습했다. 데이터가 시간의 흐름과 관련된 시계열 데이터 분석의 경우 인과 분석은 어떻게 수행할까? 즉, 특정한 시점에 개입이 일어난 경우 이것이 결과에 어떻게 영향을 미칠지 알 수 있는 방법이 있을까? 이것이 다음 장에서 다루게 될 인과 영향(casual im-pact) 문제다.

인과 영향 분석

- ◆ 서론
- ◆ Causal Impact
- ◆ 폭스바겐 인과 영향 분석 사례
- ◆ 결론

인과 영향 분석

 서론

데이터는 시간에 따라 발생하는 경우가 많다. 예를 들어, 온라인 구매 데이터도 시간에 따라 수집하고 분석한다. 그러면 "포털사이트에 광고 캠페인을 했을 때 이 광고의 영향으로 구매한 고객은 얼마나 될까?"와 같은 질문에 대한 답은 어떻게 얻을 수 있을까? 우리는 이것을 확인하기 위해 무작위 실험을 할 수도 있지만, 때로는 이러한 실험은 비용이 너무 많이 들거나 비윤리적이거나 불가능할 수 있다.

시계열 데이터의 경우 어떻게 인과 관계를 추론할 수 있을까? 구글 팀의 케이 브러더슨(Kay Brodersen)과 동료들은 이 문제를 해결하기 위해 Causal Impact라는 방법을 제안했다[22]. Causal Impact는 원래 R로 구현하였고 윌리안 폭스(Willian Fuks)는 Python 버전을 개발했다.[5] 이번 장에서는 이 파이썬 패키지를 사용하여 시계열 현상에 개입이 발생할 때 분석하는 방법에 대해 학습하도록 하자.

---

5 https://pypi.org/project/pycausalimpact/

Causal Impact

Causal Impact 모델의 아이디어는 특정 개입(intervention)이 일어나지 않았을 때의 데이터셋으로 모델을 만들고, 이 모델로 특정 개입 이후에도 개입이 없다는 반사실적 값을 예측하여 이들의 차이로 인과 효과를 추정한다. 예를 들어, 다음 그림을 보면, 인터넷 쇼핑몰의 매출은 파란색 실선으로 표현되어 있고(실제 사실), 반면 캠페인이 일어나지 않았을 경우의 매출은 검정색 점선(반사실)으로 표현되어 있다. 파란색 실선 매출은 캠페인 이후 향상되었다. 인터넷 쇼핑몰의 CEO는 정말 캠페인이 매출에 영향을 주었는지 또 얼마나 영향을 주었는지 알고 싶을 것이다. 어떻게 캠페인의 인과 영향을 확인할 수 있을까? 만약 캠페인이 일어나지 않은 경우의 검정색 점선 매출을 알 수 있다면, 캠페인 후 실제 매출에서 캠페인이 일어나지 않았을 경우 매출의 차를 구하면 캠페인의 인과 효과를 알 수 있을 것이다.

그림 6-1 \ Causal Impact 예시

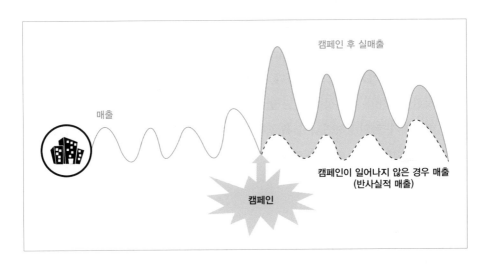

인과 효과를 정확하게 추정하는 일은 쉬운 일이 아니다. Causal Impact 분석은 인과 효과를 어떻게 예측할까? Causal Impact 분석은 테스트 변수에 해당하는 시계열 데이터(예, 온라인 매출액)와 통제 변수에 해당하는 시계열 데이터(예, 개입

이 적용되지 않은 다른 사이트의 매출액)가 주어졌을 때 베이지안 구조 시계열(Bayesian Structural Time Series: BSTS) 모델을 구축하여 예측한다.

인과 추론에 대한 모든 비실험적 접근법과 마찬가지로, 유효한 결론에는 강력한 가정이 필요하다. Causal Impact 모형은 다음과 같은 가정을 포함한다.

- **통제 변수(control variables) 역할을 하는 변수가 개입에 의해 영향을 받지 않아야 한다.** 이런 통제 변수 역할을 하는 데이터의 존재가 Causal Impact 에서 핵심적인 역할을 한다. 통제 변수 그룹은 개입의 영향을 받지 않는 데이터셋이고, 테스트 데이터의 예측을 개선하는 데 사용할 수 있다. 테스트 그룹은 개입의 영향을 받은 데이터이며, 이것이 개입 후 어떻게 변하는지 측정하고자 하는 값이다. 일반적으로 테스트 그룹은 y로 표시되고 통제 그룹은 $X=(x_0, x_1, \cdots, x_n)$로 표시된다.[6]

- **개입 이전 시간 동안 설정된 공변량(covariate)[7]과 처리된 시계열(treated time series) 간의 관계가 사후 기간 전체에 걸쳐 안정적으로 유지된다고 가정한다.**

- **모델의 일부가 되는 사전 설정(priors)을 인지하는 것이 중요하다.** 예를 들어, Causal Impact가 기본적으로 시계열 학습에 사용하는 모형은 Local Level을 위해 Gaussian random walk를 사용하는데, 이때 random walk 의 표준 편차가 설정되어 있다. 기본값은 0.01로, 알려진 독립변수를 회귀 분석한 후 잔차 변동성이 낮고 안정적인 데이터셋에 대한 일반적인 선택이다. 데이터가 불안정하거나 불확실한 경우에는 0.1을 사용하는 것이 더 안전하지만 비현실적으로 넓은 예측 구간이 발생할 수도 있다.

---

6 Causal Impact는 통제 그룹 없이 단일 데이터셋(y)으로 인과효과를 예측할 수 있다. 통제 그룹 없이 모델을 사용할 경우 사전 데이터를 사용하여 모델링을 하여 개입 후 예측을 수행하고 실제 데이터와 비교하여 인과 효과를 정한다.

7 공변량은 독립변수는 아니지만 여러 변수가 공통으로 함께 공유하고 있는 변량을 뜻한다. 즉, 실험 결과의 독립변수 이외에 종속변수에 영향을 줄 수 있는 인자를 연구자가 통제하고자 할 때 사용하는 변수다. 공변량을 통제함으로써 종속변수에 주는 영향력을 제거할 수 있으며, 독립변수가 종속변수에 주는 영향을 좀 더 명확하게 규명할 수 있게 된다.

● 모델의 동작 방식의 이해

분석의 목표는 예상 시계열 데이터와 관찰된 시계열 데이터 간의 차이를 분석하여 특정 개입이 종속변수(y)에 미칠 예상 효과를 추론하는 것이다.

Step 1: 라이브러리 로딩

분석에 필요한 라이브러리를 로드한다. 시계열 데이터 생성은 Statsmodels.tsa.arima_process 모듈의 ArmaProcess 클래스를 사용하여 시계열 데이터를 생성한다. 생성 데이터의 인과 영향 분석은 causalimpact 모듈의 CausalImpact 클래스를 사용한다. 생성한 데이터셋의 시각화는 matplotlib 모듈의 pyplot 클래스를 사용한다.

```python
# 분석에 필요한 라이브러리 가져오기
import numpy as np
import pandas as pd
from statsmodels.tsa.arima_process import ArmaProcess
from causalimpact import CausalImpact
from matplotlib import pyplot as plt
import seaborn as sns
plt.rcParams['figure.figsize'] = [12, 6]
```

Step 2: 시계열 데이터 생성

본 예제에서는 가상의 시계열 데이터를 생성하여 사용한다. ARMA 시계열 데이터 생성을 위해 ar과 ma 변수에는 배열을 할당한다. ArmaProcess 클래스를 이용해 시계열 데이터셋을 생성하고 arma_process 변수에 할당했다. 고정된 데이터셋을 생성하기 위해 np.random.seed( ) 값을 지정한다.

```
np.random.seed(12345)
# 행(row)으로 합쳐서 배열(Matrix)생성
ar = np.r_[1, 0.9]
# 넘파이의 array 함수에 리스트를 넣으면 ndarray 클래스 객체 즉, 배열(Matrix)로 변환
ma = np.array([1])
# ARMA 시계열 식 생성
arma_process = ArmaProcess(ar, ma)
```

arma_process의 generate_sample(nsample=100) 함수를 사용하여 100개의 시계열 데이터 포인트를 생성한다. 이 시계열 데이터 포인트는 통제변수로서 역할을 한다. 즉, 개입이 발생하더라도 변화가 없다.

```
# ARMA 시계열 식을 적용한 X열
X = 100 + arma_process.generate_sample(nsample=100)
print(X[0:10])
```
```
[100.18026445 100.36053757  99.01338056  99.86707078  99.60561954
  99.67453029 101.04068895  97.29784346 101.98581828 96.86459159]
```

X값에 1.2를 곱하고 임의 숫자를 더하여 y값을 생성한다.

```
# ARMA 시계열 식을 적용한 y열 데이터 생성
y = 1.2 * X + np.random.normal(size=100)
print(y)
```
```
[122.90435938 121.17018446 117.36322046 120.43669036 118.86905606
 118.2398213  121.14960314 116.72402485 123.46481553 116.09959814]
```

70번째 일부터 개입이 있다고 보고 개입 효과를 임의로 아래와 같이 생성한다.

```
# y를 y_base로 복제
y_base = y.copy()
# y열의 70번 행부터 5를 더하여 개입(intervention) 효과를 생성함
y[70:]+=5
```

Step 3: 인과 영향 분석

실험이 2019년 1월 1일부터 시작이 되어 100일간 지속되었다고 가정하고 아래와 같이 실험 기간에 해당하는 날짜를 생성하였다.

```
# 실험 날자 생성
from datetime import datetime
from datetime import timedelta
start_date = pd.to_datetime('2019-01-01')
end_date = start_date + timedelta(days=99)
dates = pd.date_range(start_date, end_date, freq='D')
print(dates[0:10])
```

```
DatetimeIndex(['2019-01-01', '2019-01-02', '2019-01-03', '2019-01-04',
               '2019-01-05', '2019-01-06', '2019-01-07', '2019-01-08',
               '2019-01-09', '2019-01-10'],
              dtype='datetime64[ns]', freq='D')
```

이제 생성한 데이터셋을 사용하여 Pandas Dataframe을 생성해 보자.

```
data = pd.DataFrame({'dates': dates, 'y': y, 'y_base':y_base, 'X':X})
data = data.set_index('dates')
print(data.head())
```

```
                    y       y_base        X
dates
2019-01-01  120.951207  120.951207  100.180264
2019-01-02  119.254242  119.254242  100.360538
2019-01-03  118.025428  118.025428   99.013381
2019-01-04  120.791127  120.791127   99.867071
2019-01-05  118.481845  118.481845   99.605620
```

이제까지 생성한 데이터셋을 차트로 그려보자.

```
ax = sns.lineplot(data=data)
plt.title('Simulated data for causal impact', fontsize=14)
plt.ylabel('y', fontsize=14)
plt.xlabel('Date', fontsize=14)
plt.legend(fontsize=14, loc='best')
plt.show()
```

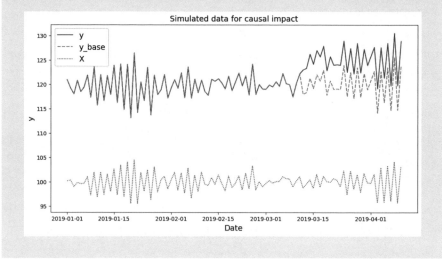

위의 차트를 보면, X는 랜덤하게 생성된 값을 나타내고, y_base는 개입이 없었을 때 값을 나타낸다. 즉 y = 1.2 * X + np.random.normal(size=100) 식으로 생성된 값이다. y값은 70일이 되는 2019-03-15을 기점으로 개입이 발생하여 5만큼 상향으로 이동한 실선(y[70:] += 5)으로 나타난다.

이제 분석을 위해 y_base 열을 삭제하자.

```
data.drop("y_base", axis=1)
```

개입 이전 기간(pre_period)과 이후 기간(post_period)을 설정한 후 Causal Impact 분석을 실행해 보자. 먼저 개입 이전 기간의 이전, 즉 49일째 개입이 일어

낯다고 가정하고, 이후 50번째 일에서 69번째 일까지 인과 영향 분석을 수행해 보자.

```
# 개입 전 데이터셋
pre_period = [start_date, start_date + timedelta(days=49)]
# 개입 후(가정) 데이터셋
post_period = [start_date + timedelta(days=50), start_date + timedelta(days=69)]
# CausalImpact() 클래스 생성
ci = CausalImpact(data, pre_period, post_period)
# CausalImpact() 분석 요약 결과
print(ci.summary())
```

Posterior Inference {Causal Impact}

	Average	Cumulative
Actual	119.86	2397.21
Prediction(s.d.)	119.86(0.07)	2397.21(1.41)
95% CI	[119.72, 120.0]	[2394.46, 2399.97]
Absolute effect(s.d.)	-0.0(0.07)	-0.0(1.41)
95% CI	[-0.14, 0.14]	[-2.76, 2.75]
Relative effect(s.d.)	-0.0%(0.06%)	-0.0%(0.06%)
95% CI	[-0.12%, 0.11%]	[-0.12%, 0.11%]

Posterior tail-area probability p: 0.49
Posterior prob. of a causal effect: 51.45%

결과를 보면 Actual과 Prediction이 119.86으로 같고, Absolute effect와 Relative effect가 0인 것을 알 수 있다. 중요한 것은 이에 대한 통계적 신뢰 수준을 나타내는 p-값이 0.49로 신뢰할 수 없는 수준이다. 즉, 가상의 개입을 가정하여 영향 분석을 수행할 결과 가상 개입효과가 없다는 것을 알 수 있다.

이제 실제 개입이 일어난 시점을 기준으로 분석을 수행해 보자.

```
# 개입 전 데이터셋
pre_period = [start_date , start_date + timedelta(days=69)]
# 개입 후 데이터셋
post_period = [start_date + timedelta(days=70), start_date + timedelta(days=99)]
# CausalImpact() 클래스 생성
ci = CausalImpact(data, pre_period, post_period)
# CausalImpact() 분석 요약 결과
print(ci.summary())
```

```
Posterior Inference {Causal Impact}
                        Average              Cumulative
Actual                  124.99               3749.78
Prediction(s.d.)        119.99(0.07)         3599.78(2.02)
95% CI                  [119.86, 120.13]     [3595.95, 3603.86]


Absolute effect(s.d.)   5.0(0.07)            150.0(2.02)
95% CI                  [4.86, 5.13]         [145.91, 153.83]


Relative effect(s.d.)   4.17%(0.06%)         4.17%(0.06%)
95% CI                  [4.05%, 4.27%]       [4.05%, 4.27%]


Posterior tail-area probability p: 0.0
Posterior prob. of a causal effect: 100.0%


For more details run the command: print(impact.summary('report'))
```

결과 마지막에 나와 있는 것처럼 print(impact.summary('report'))를 사용하여 보고서를 출력하면 아래와 같은 결과를 볼 수 있다.

```
print(ci.summary(output='report')) # CausalImpact() 분석 리포트
```

Analysis report {CausalImpact}

During the post-intervention period, the response variable had

an average value of approx. 125.23. By contrast, in the absence of an intervention, we would

have expected an average response of 120.39. The 95% interval of this counterfactual pre-

diction is [119.83, 120.92]. Subtracting this prediction from the observed response yields an

estimate of the causal effect the intervention had on the response variable. This effect is

4.84 with a 95% interval of [4.31, 5.4]. For a discussion of the significance of this effect, see

below.

Summing up the individual data points during the post-intervention

period (which can only sometimes be meaningfully interpreted), the

response variable had an overall value of 3756.86.

By contrast, had the intervention not taken place, we would have expected a sum of 3611.81.

The 95% interval of this prediction is [3594.75, 3627.61].

The above results are given in terms of absolute numbers. In relative terms, the response

variable showed an increase of +4.02%. The 95% interval of this percentage is [3.58%, 4.49%].

This means that the positive effect observed during the intervention period is statistically sig-

nificant and unlikely to be due to random fluctuations. It should be noted, however, that the

question of whether this increase also bears substantive significance can only be answered by

comparing the absolute effect(4.84) to the original goal of the underlying intervention.

The probability of obtaining this effect by chance is very small

(Bayesian one-sided tail-area probability p = 0.0).

This means the causal effect can be considered statistically

significant.

인과 영향 분석 결과를 차트로 확인해 보자.

ci.plot() # CausalImpact() 분석 그래프

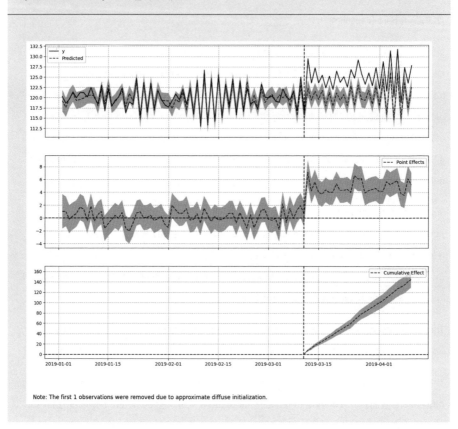

Note: The first 1 observations were removed due to approximate diffuse initialization.

첫 번째 차트는 테스트 변수의 실제(y)와 예측(Predicted)을 나타내고, 두 번째 차트는 점별효과(pointwise effect)를 나타내며, 세 번째 차트는 누적효과(cumulative effect)를 보여준다.

분석에 사용한 CausalImpact 클래스는 다음과 같은 파라미터를 통해 조정할 수 있다.

CausalImpact(data, pre_period, post_period, model=None, alpha=0.05, **kwargs,)

Arguments

파라미터	형태	해석
data	numpy array, pandas Data-Frame	데이터셋의 첫 번째 열에는 종속변수(y)가 포함되어야 하고, 다른 열에는 모델의 선형 회귀 구성 요소에 사용되는 독립변수(X)가 포함되어야 한다. 데이터셋 형태가 pandas DataFrame인 경우 'DateTimeIn-dex'로 정의하여야 정확한 차트를 볼 수 있다.
pre_period	list	특정 개입 이전 데이터로 시작과 끝을 ['20180901', '20180930'] 형태로 표현한다. 모델 생성에 사용하는 데이터이다.
post_period	list	특정 개입 이후 데이터로 시작과 끝을 ['20180901', '20180930'] 형태로 표현한다. 예측을 위해 사용하는 데이터이다.

model		기본값은 'local level' 모델
		사용자가 원하는 모델을 정의할 때 사용한다.[8]
		
		`from statsmodels.tsa.statespace.structural import UnobservedComponents`
		`ucm = UnobservedComponents(endog=data['y'], level='llevel', exog=data['X'])`
		`ci_ucm = CausalImpact(data, pre_period, post_period, model=ucm)`

alpha	float	모델의 유의 수준 기준을 설정할 수 있다.

Keyword Arguments

파라미터	형태	해석
standardize	bool	True로 적용하면 데이터를 표준화한다. (평균: 0, 분산: 1)
disp	bool	True로 적용하면 fit 메소드와 관련된 로그를 인쇄한다.
prior_level_sd	float	로컬 수준(local level) 표준 편차의 이전 값 None으로 설정하면 로컬 수준(local level)의 자동 최적화된다. 외생 변수가 응답 변수를 잘 설명하면 이 값은 낮게 설정한다(예: 기본값 0.01). 외생 변수와 응답 변수 사이에 완전한 상관 관계가 없는 경우, 0.1을 추천한다. 값을 전혀 지정하지 않으면 기본값으로 0.01이 지정된다. (예: ci = CausalImpact(df, pre_period, post_period, prior_level_sd=None)) Python 패키지를 사용할 때 prior_level_sd 항목을 None으로 설정하는 것이 좋다.

---

8 사용 가능한 모델은 아래의 웹사이트를 참조하라.
   https://www.statsmodels.org/dev/statespace.html

		[]이 기본값이며 계절 구성 요소를 모델링하지 않는다.
nseasons	list of dictionary	계절성은 2가지 형태로 작성할 수 있다. (예: nseasons=[{'period': 4}, {'period': 12}, {'period': 52}]: 월(4주), 분기(12주) 및 연도(52주)와 같이 계절성을 나열한다. (예: nseasons=[{'period': 7, 'harmonics': 3}, {'period': 30, 'harmonics': 5}] 계절성과 최고점을 나열한다.) (예: ci = CausalImpact(df, pre_period, post_period, nseasons=[{'period': 7}])) 계절성분을 사용한 예이다.

 폭스바겐 인과 영향 분석 사례[9]

이제 실제 데이터를 사용하여 Causal Impact 분석을 진행해보자. 2015년 9월 VolksWagen의 배기가스 조작 사건이 VolksWagen 주가에 어떤 영향을 미쳤는지 알아보기 위해 VolksWagen, BMW 및 Allianz의 3개 기업의 주가를 이용하여 분석하였다. VolksWagen의 주가는 테스트 그룹으로서 역할을 하고, BMW와 Allianz의 주가는 통제 그룹의 역할을 한다.

◉ Step 1: 라이브러리 로딩

분석에 필요한 라이브러리를 로드한다.

```
import pandas as pd
import numpy as np
from causalimpact import CausalImpact
from statsmodels.tsa.seasonal import seasonal_decompose
from matplotlib import pyplot as plt
import seaborn as sns
plt.rcParams['figure.figsize'] = [12, 6]
```

---

9 본 분석은 https://github.com/WillianFuks/tfcausalimpact의 분석 사례를 참조하였다.

Sklearn과 Numpy의 경고 메시지를 보이지 않게 하기 위해 아래와 같이 로깅 관련 환경을 설정하였다.

```python
# Config dict to set the logging level
import logging
import logging.config
DEFAULT_LOGGING = {
    'version': 1,
    'disable_existing_loggers': False,
    'loggers': {
        '': {
            'level': 'WARN',
        },
    }
}

logging.config.dictConfig(DEFAULT_LOGGING)
logging.info("Getting started with DoWhy. Running notebook...")
# Avoid printing dataconversion warnings from sklearn and numpy
import warnings
from sklearn.exceptions import DataConversionWarning
warnings.filterwarnings(action='ignore', category=DataConversionWarning)
warnings.filterwarnings(action='ignore', category=FutureWarning)
```

● Step 2: 데이터 로딩 및 데이터 이해

본 분석에서는 윌리안 폭스(Willian Fuks)가 깃허브에서 제공하는 VolksWa-gen 배기가스 조작 사건 데이터셋을 사용한다. 데이터셋은 2011-01-02부터 2017-03-19까지 326주의 VolksWagen, BMW, Allianz 주가로 구성되어 있다. 데이터를 로드하여 data 변수에 할당한다. 이때 데이터셋의 인덱스로 'Date'를 설정한다.

```
path = "D:/python_project/causal_inference/dataset/"
data = pd.read_csv(path+"volks_data.csv", header=0, sep=',', index_col='Date', parse_
dates=True)
print(data.head())
print(data.shape)
```

	VolksWagen	BMW	Allianz
Date			
2011-01-02	99.142822	45.039032	60.006882
2011-01-09	100.908623	44.758060	63.032661
2011-01-16	96.084999	42.297653	64.578583
2011-01-23	96.558739	43.360786	66.296272
2011-01-30	94.965218	43.170944	69.962891
(325, 3)			

데이터셋은 총 325개의 사례로 구성되어 있고, 각 사례는 Date, VolksWagen, BMW, 및 Allianz의 주가 속성을 가진다. 주별 가격 흐름 데이터를 시각화해 보자.

```
ax = sns.lineplot(data=data)
plt.title('VolksWagen, BMW, and Allianz', fontsize=14)
plt.ylabel('y', fontsize=14)
plt.xlabel('Date', fontsize=14)
plt.legend(fontsize=14, loc='best')
plt.show()
```

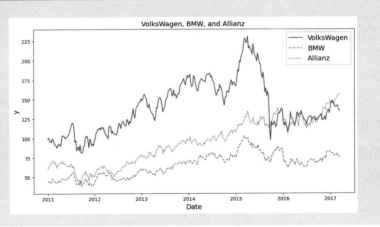

VolksWagen 배기가스 소프트웨어 조작이 발각된 2015년 9월경에 Volks-sWagen 주가가 급격하게 내려가지만, BMW와 Allianz의 주가는 사건 발생 전과 유사한 가격 흐름을 보여주고 있어 분석의 통제 그룹으로 사용할 수 있다는 것을 의미한다.

● Step 3: 기본 모델 분석

인과 영향 분석

먼저 VolksWagen의 주가만을 사용하여 pre-post 인과 분석을 하는 기본 모델을 진행해 보자. 이 경우에는 통제 그룹이 없이 인과 영향 분석을 수행한다. 배기가스 조작 사건이 일어나기 전인 2011-01-02에서 2015-09-13까지의 Volks-sWagen 데이터를 pre_period 변수에 할당한다. 이 데이터는 인과 영향 분석에서 학습 기간에 사용한다. 배기가스 조작 사건이 일어난 후 1년 간의 영향을 분석하기 위해 2015-09-20에서 2016-09-18까지의 데이터를 post_period 변수에 할당한다. CausalImpact( ) 클래스를 생성할 때 이 두 변수를 인자로 제공하였고 데이터는 VolksWagen 데이터만 사용하기 때문에 data["VolksWagen"]를 사용하여 데이터 열을 추출한다.

```
pre_period = ["2011-01-02", "2015-09-13"] # 배기가스 조작 사건 전
post_period = ["2015-09-20", "2016-09-18"] # 배기가스 조작 사건 후
ci = CausalImpact(data["VolksWagen"], pre_period, post_period)
```

인과 영향 모델을 데이터에 적합 시키면 메소드가 호출될 때 모델 결과, 적합 매개 변수 등을 확인할 수 있는 개체를 반환한다. 이제 결과를 차트로 확인해 보자.

```
ci.plot(figsize=(12, 6)) #(figsize=(가로길이, 세로길이)
```

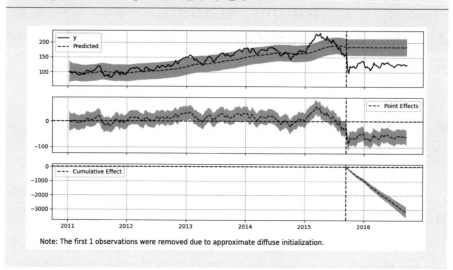

Note: The first 1 observations were removed due to approximate diffuse initialization.

차트를 보면 배기가스 조작 사건은 VolkWagen의 주가에 음의 영향을 미친 것을 볼 수 있다. 구체적으로 얼마나 영향을 미쳤는지 확인하기 위해 ci 개체의 .summary( ) 메소드를 호출하여 요약 보고서를 생성해 보자.

```
print(ci.summary()) # 분석 요약
```

Posterior Inference {Causal Impact}

	Average	Cumulative
Actual	123.42	6541.32
Prediction(s.d.)	183.96(3.71)	9750.07(196.71)
95% CI	[176.53, 191.08]	[9356.07, 10127.17]
Absolute effect(s.d.)	−60.54(3.71)	−3208.75(196.71)
95% CI	[−67.66, −53.11]	[−3585.85, −2814.75]
Relative effect(s.d.)	−32.91%(2.02%)	−32.91%(2.02%)
95% CI	[−36.78%, −28.87%]	[−36.78%, −28.87%]

Posterior tail-area probability p: 0.0

Posterior prob. of a causal effect: 100.0%

For more details run the command: print(impact.summary('report'))

결과 평가

평균적으로 실제 주가는 123.42인데 예측은 183.96이다. 절대 영향(absolute effect)는 평균 주가가 -60.54(95% CI [-67.66, -53.11])의 영향을 보여준다. 상대 영향(relative effect)는 -32.91%(95% CI [-36.78%, -28.87%])이다. 누적 측면에서 보면 실제는 6541.32인 반면 예측은 9750.07이고, 절대효과는 -3208.75, 상대효과는 -32.91%다. 이 분석은 p-값을 보면 0.0으로 인과 효과는 통계적으로 유의미한 것을 알 수 있다.

적합 모델의 진단

기본 모델의 반사실적 예측이 정확하게 주식 가격을 예측하지 못하는 것을 알 수 있다. 적합 모형의 모수와 진단을 확인하여 모형이 기본 통계 가정을 준수하는지 평가할 수 있다. ci.trained_model.summary( ) 메소드를 이용해 상태 공간 모델 결과를 출력해 보고, 진단 결과를 이해하기 위해 결과를 차트로 그려보도록 하자.

```
ci.trained_model.summary()
```

Unobserved Components Results			
Dep. Variable:	VolksWagen	No. Observations:	246
Model:	local level	Log Likelihood	-207.583
Date:	Wed, 29 Mar 2023	AIC	419.165
Time:	13:12:14	BIC	426.168
Sample:	01-02-2011	HQIC	421.985
	- 09-13-2015		
Covariance Type:	opg		

	coef	std err	z	P>|z|	[0.025	0.975]
sigma2.irregular	0.1412	0.011	13.446	0.000	0.121	0.162
sigma2.level	0.0001	1.4e-05	10.284	0.000	0.000	0.000

Ljung-Box (L1) (Q):	206.87	Jarque-Bera (JB):	1.49
Prob(Q):	0.00	Prob(JB):	0.48
Heteroskedasticity (H):	5.61	Skew:	0.01
Prob(H) (two-sided):	0.00	Kurtosis:	3.38

Warnings:
[1] Covariance matrix calculated using the outer product of gradients (complex-step).

Ljung-Box(Q) 검정, Jarque-Bera(JB) 검정, Heteroskedasticity(H) 검정 통계량은 모두 잔차에 대한 검정 통계량이다.

Ljung-Box(Q) 통계량은 잔차가 백색 잡음인지 검정하는 통계량이다. 이 통계량의 귀무가설은 "잔차(residual)가 백색 잡음(white noise) 시계열을 따른다" 이다. Prob(Q) 값이 0.0이므로 유의수준 0.05의 귀무가설을 기각한다. 따라서 시계열 모형이 잘 적합 되지 못했고 남은 잔차는 자기상관을 가진다.

Jarque-Bera(JB) 통계량은 잔차가 정규성을 따르는지 검정하는 통계량이다. 이 통계량의 귀무가설은 "잔차가 정규성을 만족한다"이다. Prob(JB) 값을 보면 0.48로 유의수준 0.05의 귀무가설을 기각할 수 없다. 따라서 잔차는 정규성을 만족한다. 또한 잔차가 정규분포를 따른다면, 대체로 비대칭도(Skew)는 0에 가깝고, 첨도(Kurtosis)는 3에 가깝다. Heteroskedasticity(H) 통계량은 잔차가 이분산을 띠지 않는지 검정한다. 값이 작을수록 좋은 모형으로 평가할 수 있다.

분석 결과를 해석하기 위해 몇 가지 차트를 보자.

ci.trained_model.plot_diagnostics(figsize=(12,6))

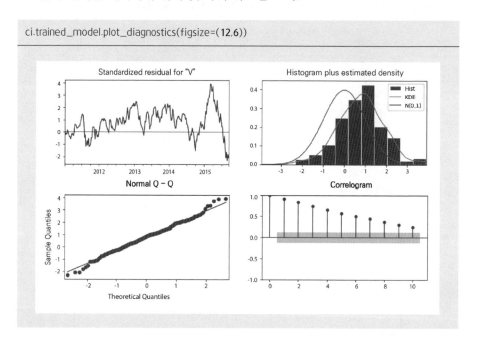

잔차가 백색 잡음을 따르는지 보여주는 그래프는 Standardized residual for 'v' 와 Correlogram 그림이다. Standardized residual for 'v' 그림은 잔차를 시

계열로 그린 것이다. 잔차가 평균 0을 중심으로 무작위로 움직이지 않는 것을 보아 잔차는 백색 잡음이 아니다. Correlogram 그림은 잔차에 대한 자기상관함수(Auto Correlation Function; ACF)이다. ACF가 천천히 줄어드는 것으로 보아 자기 상관이 있음을 그래프에서도 확인할 수 있다. 잔차가 정규성을 만족하는지 보여주는 그래프는 Histogram plus estimated density와 Normal Q-Q 그림이다. Histogram plus estimated density 그림은 잔차의 히스토그램을 그려 정규 분포 N(0,1)과 밀도를 추정한 그래프를 같이 겹쳐서 그려준다. 위 model.summary() 결과의 비대칭도와 첨도 통계량에서 확인한 것 같이 거의 정규분포와 비슷하다. Normal Q-Q 그림은 정규성을 만족한다면 일직선 위에 점들이 분포해야 한다. 양 끝 쪽에서 일직선을 약간 벗어나는 듯한 모습이지만 대체로 일직선 위에 점들이 분포한다. 결과적으로 시계열 모델은 잔차가 백색 잡음이 아니지만, 정규성을 따른다고 볼 수 있다.

◉ Step 4: 시계열 성분 분해

새로운 값을 예측하기 위한 시계열 분석에서는 과거 데이터의 패턴에 대해 아는 것이 매우 중요하다. 기본적으로 시계열은 네 개의 성분으로 구성된다. 이러한 성분의 변동은 시계열 패턴의 변화를 일으킨다. 이러한 구성 요소는 다음과 같다.

- 수준(level): 시간에 따라 평균적으로 가는 주요 값이다.
- 추세(trend): 시계열에서 패턴을 증가 또는 감소시키는 값이다.
- 계절성(seasonality): 짧은 시간 동안 시계열에서 발생하여 짧은 시간 동안 증가 또는 감소 패턴을 일으키는 순환 이벤트(cyclic event)를 말한다.
- 노이즈(noise): 시계열의 랜덤 변동을 말한다.

시계열 성분 분해로 시계열의 모든 구성 요소를 확인하려면 statsmodels에서 제공한 seasonal_decompose 패키지를 사용할 수 있다. 분석은 개입 이전의 Volkswagen의 시계열 성분을 분석하였다.

가법 시계열 구성 요소 분해

가법 시계열 성분이 시계열을 만들기 위해 함께 추가되는 경우를 말한다. 시각화를 통해 시계열의 증가 또는 감소 패턴이 시계열 전체에서 유사할 경우 시계열이 가법적이라고 말할 수 있다. 임의의 가법 시계열의 수학적 함수는 다음과 같이 나타낼 수 있다.

$$y(t) = level + trend + seasonality + noise$$

분석 데이터의 가법 시계열 성분을 분석해 보자. Statmodels의 seasonal_decompose( ) 함수를 사용해 보자. 이 경우 함수의 model 파라미터를 "additive"로 설정한다.

```
result = seasonal_decompose(data.loc[:'2015-09-13'].iloc[:, 0], model="additive")
result.plot();
```

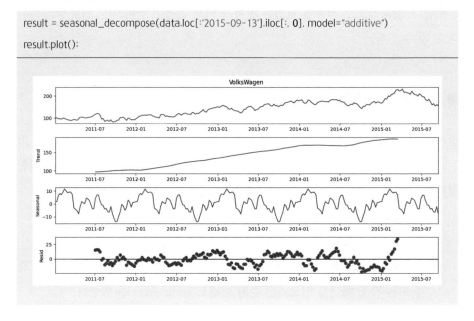

승법 시계열 구성 요소 분해

시계열의 성분이 곱해진 경우, 시계열을 승법 시계열이라고 한다. 시각화를 통해 시계열이 시간에 따라 기하급수적으로 증가하거나 감소하는 경우 시계열을 승법 시계열로 간주할 수 있다. 임의의 승법 시계열의 수학적 함수는 다음과 같이 나타낼 수 있다.

$$y(t) = \text{level} \times \text{trend} \times \text{seasonality} \times \text{noise}$$

Statmodels의 seasonal_decompose( ) 함수를 사용해 보자. 이 경우 함수의 model 파라미터를 "multicative"로 설정한다.

```
result = seasonal_decompose(data.loc[:'2015-09-13'].iloc[:, 0], model="multicative")
result.plot();
```

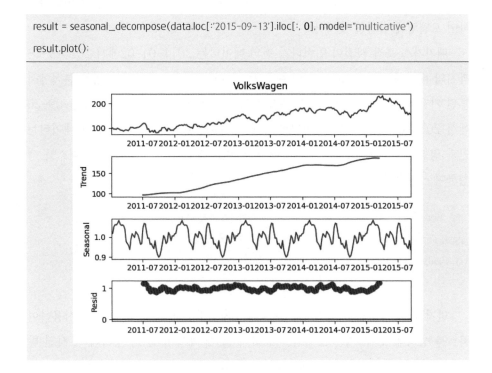

우리는 위의 두 가지 분해법을 통해 추세와 계절성이 있는 것을 알 수 있다. 계절성의 경우 주단위로 패턴이 있는 것으로 보인다(nseasons=[{'period': 52}]). 따라서 아래의 분석에서는 이것을 반영하여 분석을 수행할 수 있다.

● Step 5: 사용자 정의 모델

위에서 수행한 기본 모델은 몇 가지 한계가 있다. 첫째, 기본 모델은 검증 대상이 되는 VolksWagen 데이터를 사용한 사전 사후 인과 영향(pre-post causal impact) 분석을 수행하였으며, 통제 그룹에 대해 고려하지 않았다. 둘째, 기본 모델은 시계열 데이터가 가질 수 있는 계절성 요인(seasonality factors)에 대해 고려하지 않앗다. 따라서 이번 분석에서는 이를 반영하여 분석을 개선하고자 한다.

먼저 우리는 통제 그룹으로 자동차 회사인 BMW와 보험 회사인 Allianz의 주식 가격을 모델링에 포함하였다. 이것은 인과 영향 분석의 취지에 좀 더 가까운 접근 방법이라고 볼 수 있다. 또한 시계열 데이터에 분해를 통해 계절성 요인을 파악하여 모델링에 반영할 것이다.

배기가스 조작 사건이 일어나기 전의 데이터는 2011-01-02에서 2015-9-13까지의 데이터를 pre_period 변수에 할당한다. 이 데이터는 인과 영향 분석에서 훈련 기간에 사용한다. 배기가스 조작 사건이 일어난 후의 데이터는 2015-09-20에서 2016-09-18까지의 데이터를 post_period 변수에 할당한다. 이 데이터는 인과 영향 분석에서 모델에 적합하여 응답 변수를 CausalImpact( ) 클래스를 생성하여 ci변수에 할당한다.

```
pre_period = [ "2011-01-02", "2015-09-13"] # 배기가스 조작 사건 전
post_period = [ "2015-09-20", "2016-09-18"] # 배기가스 조작 사건 후
ci = CausalImpact(data, pre_period, post_period, model_args={'nseasons': 52})
```

먼저 인과 영향을 시각적으로 표현해 보자. ci.plot(figsize=(12, 6))을 사용하여 차트를 생성해 보자. 기본 모델과 비교하여 볼 때 예측이 좀 더 정확하다. 사건 발생 후 급격한 주식 가격이 하락했으나 점차 회복하는 모습을 보인다.

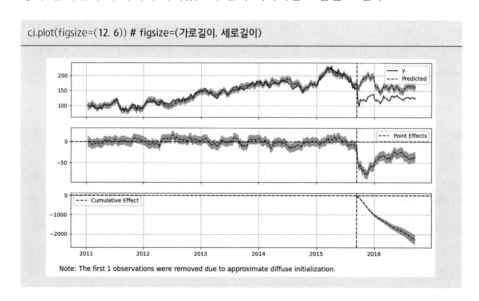

ci.plot(figsize=(12, 6)) # figsize=(가로길이, 세로길이)

Note: The first 1 observations were removed due to approximate diffuse initialization.

통계적인 유의성 검증을 위해 ci.summary( )를 활용하여 결과를 보도록 하자.

```
# 분석 요약
print(ci.summary())
```

Posterior Inference {Causal Impact}

	Average	Cumulative
Actual	123.42	6541.32
Prediction(s.d.)	166.8 (2.62)	8840.14(138.89)
95% CI	[161.62, 171.89]	[8565.65, 9110.1]
Absolute effect(s.d.)	-43.37(2.62)	-2298.82(138.89)
95% CI	[-48.47, -38.19]	[-2568.78, -2024.33]
Relative effect(s.d.)	-26.0%(1.57%)	-26.0%(1.57%)
95% CI	[-29.06%, -22.9%]	[-29.06%, -22.9%]

Posterior tail-area probability p: 0.0

Posterior prob. of a causal effect: 100.0%

For more details run the command: print(impact.summary('report'))

절대적 효과는 평균적으로 -43.37이 적고, -26.0%로 감소하여 기본 모델보다 더 적게 감소한 것을 확인할 수 있다. p-값을 보면 0.0으로 인과 효과는 통계적으로 유의미한 것을 할 수 있다. 분석결과는 다음과 같이 정리할 수 있다.

절댓값 기준

배기가스 조작 후 기간, 종속변수(y)의 관찰된 평균값은 123.42이다. 이와는 대조적으로, 배기가스 조작이 없었을 때를 예측한 종속변수(y)의 평균값은 166.8(신뢰구간: [161.62, 171.89])로 나타났다. 종속변수(y)의 관찰된 전체 합은 6541.32이다. 이와 대조적으로, 배기가스 조작이 없었을 때를 예측한 종속변수(y)의 전체 합은 8840.14(신뢰구간: [8565.65, 9110.1])로 나타났다. 관찰된 종속변수(y)에서 예측한 종속변수(y)를 빼면 특정 개입이 종속변수(y)에 미친 인과 영향을 추정할 수 있다. 즉 VolksWagen은 배기가스 조작으로 평균 주가가 -43.37(신뢰구간:

[-48.47, -38.19]) 만큼의 하락을 예측할 수 있고, 누적 평균 주가는 -2298.82(신뢰구간: [-2568.78, -2024.33])만큼 하락했다.

상댓값 기준

배기가스 사건 후 기간, 종속변수(y)는 -26.0%(신뢰구간: [-29.06%, -22.9%]) 감소했다. 즉 VolksWagen의 주가는 -26.0% 하락했다고 예측했다.

통계적 의미

이 효과를 우연히 얻을 확률은 매우 낮다(p = 0.0). 따라서 인과 효과가 통계적으로 유의한 것으로 간주할 수 있다. 그러나 이러한 하락이 실질적인 의미가 있는지에 대한 질문은 절대 효과(-43.37)를 기본 개입의 원래 목표와 비교함으로써 답을 얻을 수 있다는 점에 유의해야 한다.

ci.summary(output='report') 메소드로 인과 영향 분석 결과 리포트를 확인할 수 있다.

```
print(ci.summary(output='report'))
```

Analysis report {CausalImpact}

During the post-intervention period, the response variable had an average value of approx. 123.42. By contrast, in the absence of an intervention, we would have expected an average response of 166.8. The 95% interval of this counterfactual prediction is [161.98, 171.78]. Subtracting this prediction from the observed response yields an estimate of the causal effect the intervention had on the response variable. This effect is -43.37 with a 95% interval of [-48.36, -38.56]. For a discussion of the significance of this effect, see below.

Summing up the individual data points during the post-intervention period (which can only sometimes be meaningfully interpreted), the response variable had an overall value of 6541.32.
By contrast, had the intervention not taken place, we would have expected a sum of 8840.14. The 95% interval of this prediction is [8584.75, 9104.58].

The above results are given in terms of absolute numbers. In relative terms, the response variable showed a decrease of -26.0%. The 95% interval of this percentage is [-29.0%, -23.12%].

This means that the negative effect observed during the intervention period is statistically significant.

If the experimenter had expected a positive effect, it is recommended to double-check whether anomalies in the control variables may have caused an overly optimistic expectation of what should have happened in the response variable in the absence of the intervention.

The probability of obtaining this effect by chance is very small (Bayesian one-sided tail-area probability p = 0.0).
This means the causal effect can be considered statistically significant.

trained_model.summary( ) 메소드를 이용해 Causal Impact에는 상태 공간 모델 자체 결과를 볼 수 있다. 그 결과는 다음과 같다.

ci.trained_model.summary()

Unobserved Components Results						
Dep. Variable:		VolksWagen	No. Observations:		246	
Model:		local level	Log Likelihood		74.547	
Date:		Wed, 29 Mar 2023	AIC		-141.093	
Time:		13:23:22	BIC		-127.088	
Sample:		01-02-2011	HQIC		-135.453	
		- 09-13-2015				
Covariance Type:		opg				
	coef	std err	z	P>|z|	[0.025	0.975]
sigma2.irregular	0.0207	0.002	10.727	0.000	0.017	0.024
sigma2.level	0.0001	2.38e-05	6.043	0.000	9.73e-05	0.000
beta.BMW	0.7862	0.030	26.178	0.000	0.727	0.845
beta.Allianz	0.2120	0.043	4.963	0.000	0.128	0.296
Ljung-Box (L1) (Q):	173.98	Jarque-Bera (JB):		4.81		
Prob(Q):	0.00	Prob(JB):		0.09		
Heteroskedasticity (H):	1.82	Skew:		-0.31		
Prob(H) (two-sided):	0.01	Kurtosis:		2.72		

Warnings:
[1] Covariance matrix calculated using the outer product of gradients (complex-step).

잔차를 분석하기 위한 차트는 아래와 같이 실행하여 볼 수 있다.

```
ci.trained_model.plot_diagnostics(figsize=(12,6))
```

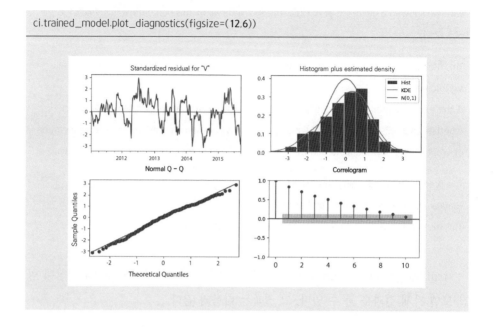

Step 3의 기본 모델 분석보다 Step 5의 사용자 정의 모델의 통계량 검정이 더 적합한 모델임을 알 수 있다. Ljung-Box(Q) 통계량과 Heteroskedasticity(H) 통계량이 작아졌고, Jarque-Bera(JB) 통계량은 커지긴 했지만, 정규분포를 따르고 있다. 또한, BMW 및 Allianz 주식 가격 변화가 VolksWagen 주식 가격에 영향을 미침을 고려했다. 이에 따라 사용자 정의 모델이 더 높은 예측 정확도를 보이는 것으로 나타났다.

 결론

본 장에서는 시간에 따라 발생하는 사건에 임의의 개입을 했을 때 미치는 영향을 분석하는 방법인 Causal Impact에 대해서 학습하였다. Causal Impact는 전통적인 임의실험 방법과 유사하게 개입이 있는 테스트 그룹과 테스트 그룹과 유사한 데이터 흐름을 보이는 통제 그룹을 정의한 후 테스트 그룹에 개입 후 실제 데이터와 통제 그룹의 데이터를 기반으로 한 예측을 비교하여 개입의 영향을 분석한다. 이런 접근 방법을 통해 정량적으로 개입의 효과를 판단할 수 있다는 점에서 매우 유용하다. 이런 접근 방법은 광고나 제품 프로모션 같은 의도적인 개입의 효과나 특정한 정책 도입의 효과를 분석하는 데 유용하게 쓰일 것이다. Causal Impact의 핵심적인 성공 요인은 개입에 영향을 받지 않는 통제 그룹 정의, 시계열 분석에 필요한 파라미터의 적절한 설정, 적절한 시계열 모델링 알고리즘의 선택 등에 영향을 받는다.

Chapter 07

반대사실 분석

- ◆ 서론
- ◆ 소득 분류 반대사실 분석
- ◆ 주택 가격 예측 반대사실 분석 사례
- ◆ 결론

Chapter 07

반대사실 분석

서론

　우리들은 특정한 과거 사건에 대해서 그렇게 하지 않았다면 또는 그렇게 했다면 현재가 다르게 바뀌었겠다고 생각하는 경향이 있다. 예를 들어, "내가 어떤 주식을 지난 주에 샀다면 오늘 대박을 쳤을텐데" 라고 생각할 수 있다. 또는 "내가 학교 다닐 때 좀 더 공부했더라면 지금은 더 좋은 회사에 취직할 수 있었을 텐데"라고 생각을 할 수 있다. 이런 사고 경향을 카운터 팩츄얼 씽킹(counterfactual thinking)이라고 한다.

　카운터 팩츄얼 씽킹에 기반을 둔 반대사실 분석(counterfactual analysis)은 머신러닝으로 학습한 모델을 기반으로 발생할 것으로 예상되는 결과를 변경하기 위해서는 어떤 독립변수를, 어떻게 변경해야 할지를 제시하는 것을 목표로 한다. 최근 이런 문제에 대한 관심이 증가하면서 다양한 반대사실 분석 기법이 개발되었다[23-25]. 이번 장에서는 마이크로소프트 연구원들이 개발한 DiCE를 활용하여 설명할 것이다[26]. DiCE 프로젝트 사이트에서는 유용한 분석 사례를 제공하는 데 본 장에서는 이들이 제공하는 사례를 기반으로 설명할 것이다.

● Step 1: 라이브러리 가져오기

분석에서 데이터 전처리 및 모델링은 sklearn을 기반으로 수행된다. 따라서 분석에 수행되는 패키지들을 가져온다. ColumnTransformer는 속성의 변환을 위해 사용하고, train_test_split은 데이터의 분할을 위해 사용한다. 데이터 전처리는 Pipeline을 통해 통합된다. OneHotEncoder는 범주형 데이터를 수치형으로 인코딩하기 위해 사용한다. 모델링 알고리즘은 RandomForestClassifier를 사용하였다. DiCE 알고리즘을 사용하기 위해 dice_ml의 모든 클래스를 가져왔고, 데이터셋은 dice_ml.utils에서 제공되는 helper를 통해 dice에 내장된 데이터를 사용할 것이다.

```
import dice_ml
from dice_ml.utils import helpers  # helper functions

from sklearn.compose import ColumnTransformer
from sklearn.model_selection import train_test_split
from sklearn.pipeline import Pipeline
from sklearn.preprocessing import OneHotEncoder
from sklearn.ensemble import RandomForestClassifier
```

● Step 2: 데이터셋 로딩 및 이해

데이터셋

분석에서는 소득 데이터셋(income dataset)을 사용할 것이다.[10] 이 데이터셋은 교육 및 사회 수준과 직업 및 근로 시간 등의 요인으로 하여 소득이 고소득

---

10 https://www.kaggle.com/datasets/wenruliu/adult-income-dataset

(value=1) 또는 저소득(value=0)인지 여부는 예측하기 위한 데이터이다.

표 7-1   소득 데이터셋(income dataset)

속성이름	값 유형	설명
age	continuous	나이
workclass	nominal	직군 Government, Other/Unknown, Private, Self-Employed
education	nominal	교육 수준 Assoc, Bachelors, Doctorate, HS-grad, Masters, Prof-school, School, Some-college
marital-status	nominal	결혼 상태 Divorced, Married, Separated, Single, Widowed
occupation	nominal	직업 Blue-Collar, Other/Unknown, Professional, Sales, Service, White-Collar
relationship	nominal	Wife, Own-child, Husband, Not-in-family, Other-relative, Unmarried
race	nominal	인종 White, Other
gender	nominal	Female, Male
hours_per_week	continuous	주당 근로 시간
income	nominal	0 (≤50K), 1 (>50K)

데이터셋 로딩

데이터는 아래와 같이 로딩하였다. 로딩된 데이터는 Pandas의 DataFrame이
다. 데이터를 살펴보기 위해 head( )함수와 shape을 호출하여 프린트하였다.

```
dataset = helpers.load_adult_income_dataset()
dataset.head()
```

	age	workclass	education	marital_status	occupation	race	gender	hours_per_week	income
0	28	Private	Bachelors	Single	White-Collar	White	Female	60	0
1	30	Self-Employed	Assoc	Married	Professional	White	Male	65	1
2	32	Private	Some-college	Married	White-Collar	White	Male	50	0
3	20	Private	Some-college	Single	Service	White	Female	35	0
4	41	Self-Employed	Some-college	Married	White-Collar	White	Male	50	0

데이터의 레이블을 나타내는 데이터(y)를 생성한 후 train_test_split을 사용하여 학습과 검증 데이터셋으로 분할하였다. 검증 데이터셋의 비율은 20%로 하였고(test_size=0.2), 레이블 데이터를 사용하여 층화 표본 추출을 시행하도록 하였다(stratify=target). random_state는 42로 설정하였다. 코드에 random_state를 지정하지 않으면 코드를 실행할 때마다 새로운 random 값이 생성되고 train 및 test 데이터 집합은 매번 다른 값을 가진다. 그러나 random_state = 42와 같이 고정 값이 할당되면 코드를 몇 번 실행하든 결과는 학습 및 테스트 데이터셋이 동일한 사례를 갖게 된다.

```
target = dataset["income"]
train_dataset, test_dataset, y_train, y_test = train_test_split(dataset, target, test_size=0.2,
random_state=42, stratify=target)
x_train = train_dataset.drop('income', axis=1)
x_test = test_dataset.drop('income', axis=1)
```

● Step 3: DiCE로 카운터 팩트 생성

DiCE를 위한 Data 객체 생성

학습 데이터셋을 사용하여 DiCE 객체에 사용할 Data 객체를 생성한다. 설정해야 할 변수에는 데이터 프레임(dataframe), 연속 변수(continuous_features), 출력 속성 이름(outcome_name) 등이 있다. Dataframe은 위에서 생성한 train_dataset을 지정하였다. 이것은 속성과 함께 라벨도 같이 있다. continuous_features는 나이(age)와 주당 근무 시간(hours_per_week)으로 구성된 리스트로 설정하였다. outcome_name은 소득(income)으로 설정하였다.

```
d = dice_ml.Data(dataframe=train_dataset, continuous_features=['age', 'hours_per_week'],
outcome_name='income')
```

DiCE를 위한 Model 객체 생성

DiCE는 특정한 모델 기반으로 그것이 변하지 않는다는 가정하에 카운터 팩츄얼을 생성한다. 모델 생성을 위해 Random Forest 알고리즘을 사용하였다. 모델링 하기 전에 Pipeline을 활용하여 전처리 및 모델링 과정을 구성하여 모델을 학습하도록 하였다.

전처리 단계에서는 수치 유형과 범주 유형 속성을 구분한 후, 범주 유형 속성에 대해서는 One-Hot 인코딩을 수행하였다. Pipeline에 전처리 작업과 모델링 알고리즘(RandomForestClassifier)를 추가한 후 모델 적합을 실행하여 모델을 얻었다. 이 모델은 이후에 DiCE의 카운터 팩츄얼 설명자(counterfactual explainer)를 생성하는 데 사용할 것이다.

```
numerical = ["age", "hours_per_week"]
categorical = x_train.columns.difference(numerical)
categorical_transformer = Pipeline(steps=[
    ('onehot', OneHotEncoder(handle_unknown='ignore'))])
transformations = ColumnTransformer(
    transformers=[
        ('cat', categorical_transformer, categorical)])
clf = Pipeline(steps=[('preprocessor', transformations),
                ('classifier', RandomForestClassifier())])
model = clf.fit(x_train, y_train)
```

생성된 모델을 사용하여 DiCE에서 활용되는 Model 객체를 생성하였다. Model 객체는 머신러닝 모델(model)과 기반 모델링 패키지(backend)에 대한 인자를 받는다. model은 위에서 생성한 Random Forest Classifier의 모델을 제공하고(model=model), 기반 알고리즘은 scikit learn으로 설정한다(backend="sklearn"). DiCE는 sklearn, tensorflow(TensorFlow 1.x와 Tensorflow 2.x), pytorch 모델을 지원한다. 따라서 Model 객체를 구현할 때 backend를 지정해야 한다. 각각에 대해서 TensorFlow 1.x은 backend='TF1', Tensorflow 2.x는 backend='TF2', PyTorch에 대해서는 backend='PYT'로 설정한다.

```
m = dice_ml.Model(model=model, backend="sklearn")
```

DiCE Explainer 객체 생성

DiCE Explainer는 위에서 생성한 DiCE의 데이터 객체와 모델 객체를 받아 random, genetic, kdtree 등 세 가지 방법으로 Explainer를 생성한다.

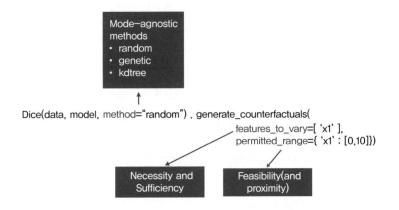

Random 방법의 경우 무작위로 추출된 샘플 피처에 의해 카운터 팩트 사례를 생성한다. Genetic 방법은 유전 알고리즘(genetic algorithm)을 사용하여 카운터 팩트 사례를 생성한다. Kdtree 방법은 Kdtree를 쿼리하여 데이터 집합에서 원하는 클래스의 가장 가까운 데이터 점을 찾는 방법으로 카운터 팩트 사례를 생성한다.

아래와 같이 3가지 방법으로 DiCE Explainer를 생성하였다. DiCE Explainer는 Data 객체, Model 객체, 설명 방법(method) 등에 대한 입력을 필요로 한다. Data 객체와 Model 객체는 위에서 생성한 d와 m을 입력하고, method는 random(method="random"), genetic(method="genetic"), kdtree(method="kdtree") 등의 방법을 입력한 후 DiCE Explainer 객체를 생성한다.

```
exp_random = dice_ml.Dice(d, m, method="random")
exp_genetic = dice_ml.Dice(d, m, method="genetic")
exp_kdtree = dice_ml.Dice(d, m, method="kdtree")
```

Random Explainer

카운터 팩츄얼 사례 생성 함수(generate_counterfactuals)는 질의 사례(x_test[0:1]), 생성해야 할 사례의 개수(total_CFs=2), 원하는 클래스(desired_class="opposite") 등을 입력 변수로 받는다. 테스트 사례 1개에 대해 2개의 반대 레이블을 갖는 카운터 팩츄얼 사례를 생성한다. visualize_as_dataframe(show_only_changes=True) 함수는 변화가 되어야할 속성의 값을 보여준다. 첫 번째 카운터 팩츄얼 사례는 교육(education)을 Prof-school로 변경하고 직업(occupation)을 Sales로 변경하여 반대 레이블로 분류되는 사례다. 두 번째 사례는 교육(education)을 Prof-school로 변경하되 직업(occupation)을 Sales로 바꾸는 대신에 주당 근무 시간(hours_per_week)을 16시간에서 40시간으로 조정할 것을 제안한다.

```
random_exp = exp_random.generate_counterfactuals(x_test[0:1], total_CFs=2, desired_class="opposite")
random_exp.visualize_as_dataframe(show_only_changes=True)
```

100% |██████████| 1/1 [00:00<00:00, 4.94it/s]

Query instance(original outcome: 0)

	age	workclass	education	marital_status	occupation	race	gender	hours_per_week	income
0	22	Private	HS-grad	Single	Blue-Collar	White	Male	16	0

Diverse Counterfactual set(new outcome: 1.0)

	age	workclass	education	marital_status	occupation	race	gender	hours_per_week	income
0	-	Government	Prof-school	-	-	-	-	-	1
1	-	-	Doctorate	Widowed	-	-	-	-	1

Genetic Explainer

카운터 팩츄얼 사례를 생성하는 두 번째 방법은 genetic알고리즘을 사용하는 것이다. 아래와 같이 입력을 해보고 결과를 확인해 보자. 같은 검증 사례에도 서로 다른 카운터 팩츄얼 사례를 생성하는 것을 볼 수 있다. 즉, 첫 번째 카운터 팩츄얼 사례는 교육(education)을 Bachelor, 결혼상태(marital_status)를 Married로 주당 근무 시간(hours-per-week)이 20시간으로 조정됐다. 두 번째 카운터 팩츄얼 사례는 교육(education)을 Some-college, 결혼상태(marital_status)를 Married, 직업 (occupation)은 White-Collar, 주당 근무 시간(hours-per-week)이 15시간으로 조정됐다.

```
genetic_exp = exp_genetic.generate_counterfactuals(x_test[0:1], total_CFs=2,
desired_class="opposite")
genetic_exp.visualize_as_dataframe(show_only_changes=True)
```

100% |■■■■■■■■■■| 1/1 [00:00<00:00, 1.66it/s]

Query instance(original outcome: 0)

	age	workclass	education	marital_status	occupation	race	gender	hours_per_week	income
0	22	Private	HS-grad	Single	Blue-Collar	White	Male	16	0

Diverse Counterfactual set(new outcome: 1)

	age	workclass	education	marital_status	occupation	race	gender	hours_per_week	income
0	–	–	Bachelors	Married	White-Collar	–	–	20.0	1
0	28.0	–	Assoc	Married	White-Collar	–	Female	–	1

KD-Tree Explainer

카운터 팩츄얼 사례를 생성하는 세 번째 방법은 KD-Tree 알고리즘을 사용하는 것이다. 같은 검증 사례에도 위에서 본 것과 다른 카운터 팩츄얼 사례를 생성했다. 즉, 첫 번째 카운터 팩츄얼 사례는 Genetic Explainer의 2번째 카운터 팩츄얼 사례와 같게 조정됐다. 두 번째 카운터 팩츄얼 사례는 직군(workclass)를 Government, 교육(education)을 Bachelor, 결혼상태(marital_status)를 Married, 직업(occupation)은 White-Collar로 조정됐다.

```
kdtree_exp = exp_kdtree.generate_counterfactuals(x_test[0:1], total_CFs=2,
desired_class="opposite")
kdtree_exp.visualize_as_dataframe(show_only_changes=True)
```

100% |█████████████| 1/1 [00:00<00:00, 1.93it/s]

Query instance(original outcome: 0)

	age	workclass	education	marital_status	occupation	race	gender	hours_per_week	income
0	22	Private	HS-grad	Single	Blue-Collar	White	Male	16	0

Diverse Counterfactual set(new outcome: 1)

	age	workclass	education	marital_status	occupation	race	gender	hours_per_week	income
22665	-	Government	Some-college	Married	Service	-	-	-	1
21392	-	Government	Bachelors	Married	White-Collar	-	-	-	1

다른 Explainer들의 경우도 비슷한 방법으로 해석할 수 있다. 주목할 것은 방법론마다 생성한 카운터 팩츄얼 사례가 다르다는 점이다. 다른 한편으로 어떤 속성의 경우에는 변경이 어렵지 않을까 생각되는 것이 있다. Random Explainer의 두 번째 카운터 팩츄얼 사례는 교육(education)이 Doctorate으로 되어 있는데, 현재 고등학교 졸업자(Hs-grad)가 박사가 되려면 많은 세월의 노력이 필요하다. 따라서 변경할 수 있는 변수에 제약을 두는 것을 시도할 수 있다. 아래 코드에서 변경 가능한 속성을 교육(education)과 직업(occupation)으로 한정했을 경우를 보여준다.

```
features =["education", "workclass"]
genetic_exp2 = exp_genetic.generate_counterfactuals(x_test[0:1],
                        total_CFs=2,
                        desired_class="opposite",
                        features_to_vary=features)
genetic_exp2.visualize_as_dataframe(show_only_changes=True)
```

```
100% |██████████| 1/1 [00:01<00:00, 1.37s/it]
```
Query instance(original outcome: 0)

	age	workclass	education	marital_status	occupation	race	gender	hours_per_week	income
0	22	Private	HS-grad	Single	Blue-Collar	White	Male	16	0

Diverse Counterfactual set(new outcome: 1)

	age	workclass	education	marital_status	occupation	race	gender	hours_per_week	income
0	-	-	Prof-school	-	-	-	-	-	1
0	-	Government	Prof-school	-	-	-	-	-	1

이런 제약조건을 추가하면 카운터 팩츄얼 사례는 아래와 같이 변경되는 것을
볼 수 있다. 제약 조건은 속성뿐만 아니라 선택할 수 있는 값의 범위에도 설정할 수
있다. 예를 들어 주당 근무 시간(hours_per_week)을 30~50시간으로 제약을 주고,
교육(education)을 Doctorate와 Prof-school로 제약한다고 하자. 그러면 gen-
erate_counterfactuals 함수의 인자에 permitted_range={'hours_per_week':
[30, 50], 'education': ['Doctorate', 'Prof-school']}라고 설정하면 된다.

```
permitted_range ={'hours_per_week': [30, 50],
                  'education': ['Doctorate', 'Prof-school']}
genetic_exp3 = exp_genetic.generate_counterfactuals(x_test[0:1],
                  total_CFs=2,
                  desired_class="opposite",
                  permitted_range = permitted_range)
genetic_exp3.visualize_as_dataframe(show_only_changes=True)
```

```
100% |██████████| 1/1 [00:00<00:00, 1.55it/s]
```

Query instance(original outcome: 0)

	age	workclass	education	marital_status	occupation	race	gender	hours_per_week	income
0	22	Private	HS-grad	Single	Blue-Collar	White	Male	16	0

Diverse Counterfactual set(new outcome: 1)

	age	workclass	education	marital_status	occupation	race	gender	hours_per_week	income
0	–	–	Prof-school	Separated	–	–	–	38.0	1
0	–	Government	Prof-school	Married	–	–	–	30.0	1

● Step 4: 카운터 팩츄얼 사례 기반 속성 중요도

로컬 중요도

카운터 팩츄얼 사례는 일부 속성의 변경을 통해 한 클래스에서 다른 클래스로 변경하는 것을 목표로 한다. 따라서 우리는 검증하고자 하는 개별 사례가 다른 클래스로 변경할 때 어떤 속성이 중요한지에 대한 결과를 얻을 수 있다. 이것을 로컬 중요도(local importance)라고 한다. 로컬 중요도를 구하기 위해서는 사례에 대한 N개의 카운터 팩츄얼 사례를 사례를 생성한 후 속성의 빈도에 따라 중요도를 계산한다. 아래 코드는 첫 번째 테스트 사례에 대해 random, genetic, kdtree 기법을 사용하여 10개의 카운터 팩츄얼 사례(total_CFs=10)를 얻은 후 로컬 중요도를 계산하는 것을 보여준다.

Random Explainer의 경우 교육(education), 업무구분(workclass), 결혼상태(marital status), 나이(age), 직업(occupation), 성별(gender), 주당 근무 시간(hours-per-week) 순서로 중요도가 높다.

```
query_instance = x_test[0:1]
imp_random = exp_random.local_feature_importance(query_instance, total_CFs=10)
print(imp_random.local_importance)
```

```
100% |██████████| 1/1 [00:00<00:00, 2.44it/s]
[{'education': 1.0, 'workclass': 0.2, 'marital_status': 0.2, 'occupation': 0.2, 'hours_per_week':
0.1, 'race': 0.0, 'gender': 0.0, 'age': 0.0}]
```

Genetic Explainer의 경우 중요도는 교육(education), 주당 근무 시간(hours-per-week), 결혼상태(marital status), 직업(occupation), 업무구분(workclass), 인종(race), 성별(gender) 순서다.

```
query_instance = x_test[0:1]
imp_genetic = exp_genetic.local_feature_importance(query_instance, total_CFs=10)
print(imp_genetic.local_importance)
```
```
100% |██████████| 1/1 [00:00<00:00, 1.05it/s]
[{'education': 1.0, 'marital_status': 1.0, 'occupation': 0.9, 'hours_per_week': 0.8, 'workclass':
0.4, 'age': 0.4, 'gender': 0.1, 'race': 0.0}]
```

KD-tree Explainer의 경우 중요도는 결혼상태(marital status), 직업(occupation), 교육(education), 업무구분(workclass), 나이(age), 성별(gender), 주당 근무 시간(hours-per-week) 순서다.

```
query_instance = x_test[0:1]
imp_kdtree = exp_kdtree.local_feature_importance(query_instance, total_CFs=10)
print(imp_kdtree.local_importance)
```
```
100% |██████████| 1/1 [00:01<00:00, 1.02s/it]
[{'marital_status': 1.0, 'occupation': 1.0, 'education': 0.9, 'workclass': 0.4, 'age': 0.4, 'gender': 0.2,
'hours_per_week': 0.1, 'race': 0.0}]
```

위의 결과에서 보는 것처럼 카운터 팩츄얼 생성에서 어떤 방법을 사용하느냐에 따라 다른 결과를 볼 수 있다.

글로벌 중요도

전체 검증 사례를 대상으로 카운터 팩츄얼 사례를 생성하여 클래스를 변환할 때 상대적으로 중요한 요인을 계산할 수 있다. 여기서 도출되는 속성의 중요도는 글로벌 중요도(global importance)라고 한다. 아래 코드는 글로벌 중요도를 얻는 것을 구현한다. 검증 사례는 총 5210개로 모든 사례를 대상으로 한다면 상당한 시간이 소요된다. 따라서 30개의 사례를 사용하여 글로벌 중요도를 계산하였다.

Random Explainer

```
query_instances = x_test[0:30]
imp_global_random = exp_random.global_feature_importance(query_instances)
print(imp_global_random.summary_importance)
```

```
100% |██████████| 30/30 [00:11<00:00, 2.66it/s]
{'education': 0.6666666666666666, 'marital_status': 0.2866666666666667,
'occupation': 0.25333333333333335, 'hours_per_week': 0.21333333333333335, 'gender':
0.17333333333333334, 'workclass': 0.16666666666666666, 'age': 0.16333333333333333, 'race':
0.08}
```

Genetic Explainer

```
query_instances = x_test[0:30]
imp_global_genetic = exp_genetic.global_feature_importance(query_instances)
print(imp_global_genetic.summary_importance)
```

```
100% |██████████| 30/30 [01:46<00:00, 3.55s/it]
{'education': 0.7986577181208053, 'occupation': 0.6476510067114094, 'marital_status':
0.6040268456375839, 'age': 0.35906040268456374, 'workclass': 0.24161073825503357,
'gender': 0.18456375838926176, 'hours_per_week': 0.13758389261744966, 'race':
0.06375838926174497}
```

Kd-tree Explainer

```
query_instances = x_test[0:30]
imp_global_kdtree = exp_kdtree.global_feature_importance(query_instances)
print(imp_global_kdtree.summary_importance)
```

100% |███████████| 30/30 [00:23<00:00, 1.27it/s]
{'education': 0.7966666666666666, 'marital_status': 0.61, 'occupation': 0.5866666666666667, 'workclass': 0.25666666666666665, 'gender': 0.18666666666666668, 'age': 0.08, 'hours_per_week': 0.056666666666666664, 'race': 0.03666666666666667}

세 유형의 글로벌 중요도는 하위 중요에 있어서는 약간의 차이가 있지만, 교육 (education), 직업(occupation), 결혼상태(marital_status) 등은 모두 중요한 속성으로 파악되었다.

 주택 가격 예측 반대사실 분석 사례

◑ Step 1: 라이브러리 로딩

분석에 사용할 라이브러리를 로딩한다. Dice와 관련된 라이브러리를 로딩하고, sci-kit learn에서 데이터 준비 및 모델 구축에 사용될 라이브러리를 로딩하였다.

```
import dice_ml
from dice_ml import Dice
from sklearn.datasets import fetch_california_housing
from sklearn.pipeline import Pipeline
from sklearn.preprocessing import StandardScaler, OneHotEncoder
from sklearn.model_selection import train_test_split
from sklearn.compose import ColumnTransformer
from sklearn.ensemble import RandomForestRegressor
import pandas as pd
```

◐ Step 2: 데이터 로딩 및 이해

데이터셋

이번 분석에 사용할 데이터셋은 캘리포니아 주택 가격 데이터셋이다. 각 속성별 값 유형, 속성의 의미는 표 7-2에 정리되어 있다.

표 7-2　**캘리포니아 주택 가격 데이터셋**

속성이름	값 유형	설명
MedInc	continuous	지역 내 중위 소득
HouseAge	continuous	지역 내 중위 주택 연령
AveRooms	continuous	가구 당 평균 방 개수
AveBedrms	continuous	가구 당 평균 침실 개수
Population	continuous	인구
AveOccup	continuous	가구 구성원 평균 수
Latitude	continuous	위도
Longitude	continuous	경도

데이터 로딩

캘리포니아 주택 가격에 대한 데이터셋을 fetch_california_housing( ) 함수를 사용하여 로딩하였고 이를 Pandas를 활용하여 데이터 프레임으로 변환하였다.

```
outcome_name = "target"
housing_data = fetch_california_housing()
df_housing = pd.DataFrame(housing_data.data, columns=housing_data.feature_names)
df_housing[outcome_name] = pd.Series(housing_data.target)
df_housing.head()
```

	MedInc	HouseAge	AveRooms	AveBedrms	Population	AveOccup	Latitude	Longitude	target
0	8.3252	41.0	6.984127	1.023810	322.0	2.555556	37.88	-122.23	4.526
1	8.3014	21.0	6.238137	0.971880	2401.0	2.109842	37.86	-122.22	3.585
2	7.2574	52.0	8.288136	1.073446	496.0	2.802260	37.85	-122.24	3.521
3	5.6431	52.0	5.817352	1.073059	558.0	2.547945	37.85	-122.25	3.413
4	3.8462	52.0	6.281853	1.081081	565.0	2.181467	37.85	-122.25	3.422

데이터셋의 속성의 개수와 사례 수를 구해보자. 데이터셋은 8개의 독립변수와 하나의 종속변수(target)으로 구성되어 있고 전체 사례수는 20,640개이다.

```
df_housing.shape
```

```
(20640, 9)
```

연속 속성(continuous_features)을 라벨 속성인 target을 제외한 컬럼의 이름 리스트로 정의하였다.

```
continuous_features = df_housing.drop(outcome_name, axis=1).columns.tolist()
print(continuous_features)
```

```
['MedInc', 'HouseAge', 'AveRooms', 'AveBedrms', 'Population', 'AveOccup', 'Latitude', 'Longitude']
```

데이터셋의 df_housing 속성을 타깃(target)으로 설정하고, 타깃 열을 제외한 df_housing를 datasetX로 정의하였다. datasetX와 target을 활용하여 학습 데이터셋을 80%, 검증 데이터셋을 20%가 되도록 분할하였다. 또한 범주형 속성(categorical_features)을 연속 속성(continuous_features)의 차이로 정의하였다.

```
target = df_housing[outcome_name]
datasetX = df_housing.drop(outcome_name, axis=1)
x_train, x_test, y_train, y_test = train_test_split(datasetX,
                                                    target,
                                                    test_size=0.2,
                                                    random_state=0)
categorical_features = x_train.columns.difference(continuous_features)
print(categorical_features)
```

　데이터 전처리와 모델링을 위해 Pipeline을 사용하였다. 수치 데이터는 Stan-
dardScaler를 사용하여 표준화를 했고, 범주형 데이터는 OneHotEncoder를 사
용하여 인코딩하도록 하였다. 모델링은 RandomForestRegressor를 사용하여 모
델을 구축하도록 하였다.

```
numeric_transformer = Pipeline(steps=[
    ('scaler', StandardScaler())])

categorical_transformer = Pipeline(steps=[
    ('onehot', OneHotEncoder(handle_unknown='ignore'))])

transformations = ColumnTransformer(
    transformers=[
        ('num', numeric_transformer, continuous_features),
        ('cat', categorical_transformer, categorical_features)])

regr_housing = Pipeline(steps=[('preprocessor', transformations),
                               ('regressor', RandomForestRegressor())])
model_housing = regr_housing.fit(x_train, y_train)
```

● Step 3: DiCE로 카운터 팩트 생성

DiCE로 카운터 팩츄얼 사례를 생성하기 위해 아래와 같이 DiCE의 Data 및 Model 객체를 생성하였다. DiCE의 Model 객체를 생성할 때, 학습된 모델을 모델의 값으로 지정하였고(model=model_housing), 백엔드 알고리즘으로 sklearn을 지정하였다(backend="sklearn"). 마지막으로 모델 유형을 회귀로 설정하였다(model_type='regressor').

```
d_housing = dice_ml.Data(dataframe=df_housing,
continuous_features=continuous_features, outcome_name=outcome_name)
m_housing = dice_ml.Model(model=model_housing, backend="sklearn",
model_type='regressor')
```

또한 DiCE의 Data 및 Model 객체를 활용하여 아래와 같이 DiCE Explainer를 생성하였다. Explainer 생성 방법은 random, genetic, kdtree를 사용하였다.

```
exp_random_housing = Dice(d_housing, m_housing, method="random")
exp_genetic_housing = Dice(d_housing, m_housing, method="genetic")
exp_kdtree_housing = Dice(d_housing, m_housing, method="kdtree")
```

카운터 팩츄얼 사례 생성은 다음과 같이 수행하였다. 집의 위치는 변경할 수 있는 것은 아니기 때문에 Latitude와 Longitude는 변경 가능한 속성에서 제외했다. 질의 사례는 1개이며(query_instances_housing = x_test[0:1]), 생성하는 총 카운터 팩츄얼 사례는 2개이다(total_CFs=2). 회귀를 활용한 카운터 팩츄얼 사례 생성은 목표 범위를 사용한다. 이 분석에서는 3.0 ~ 5.0으로 설정하였다(desired_range=[3.0, 5.0]). 아래의 그림은 2개의 카운터 팩츄얼 사례를 random, genetic, kdtree 기반의 Explainer 보여준다. random과 genetic Explainer는 성공적으로 카운터 팩츄얼 사례를 생성했지만, kd-tree의 경우 타깃 범위를 달성하는 카운터 팩츄얼 생성에 실패하였다.

Random Explainer

```
features =['MedInc', 'HouseAge', 'AveRooms', 'AveBedrms', 'Population', 'AveOccup']
query_instances_housing = x_test[0:1]
cf_random_housing =
exp_random_housing.generate_counterfactuals(query_instances_housing,
total_CFs=2, features_to_vary=features,desired_range=[3.0, 5.0])
cf_random_housing.visualize_as_dataframe(show_only_changes=True)
```

100% |■■■■■■■■■■| 1/1 [00:00<00:00, 3.86it/s]

Query instance(original outcome: 1)

	MedInc	HouseAge	AveRooms	AveBedrms	Population	AveOccup	Latitude	Longitude	target
0	4.1518	22.0	5.663073	1.075472	1551.0	4.180593	37.580002	-117.050003	1.0

Diverse Counterfactual set(new outcome: [3.0, 5.0])

	MedInc	HouseAge	AveRooms	AveBedrms	Population	AveOccup	Latitude	Longitude	target
0	13.5753	-	5.663072776280323	1.0754716981132075	-	4.180592991913747	32.58	-117.05	4.444553375244141
1	7.1141	-	5.663072776280323	1.0754716981132075	25426.6	4.180592991913747	32.58	-117.05	3.394280195236206

Genetic Explainer

```
features =['MedInc', 'HouseAge', 'AveRooms', 'AveBedrms', 'Population', 'AveOccup']
query_instances_housing = x_test[0:1]
cf_genetic_housing =
exp_genetic_housing.generate_counterfactuals(query_instances_housing,
total_CFs=2, features_to_vary=features,desired_range=[3.0, 5.0])
cf_genetic_housing.visualize_as_dataframe(show_only_changes=True)
```

```
100% |███████████| 1/1 [00:00<00:00, 1.85it/s]
```

Query instance(original outcome: 1)

	MedInc	HouseAge	AveRooms	AveBedrms	Population	AveOccup	Latitude	Longitude	target
0	4.1518	22.0	5.663073	1.075472	1551.0	4.180593	37.580002	−117.050003	1.38487

Diverse Counterfactual set(new outcome: [3.0, 5.0])

	MedInc	HouseAge	AveRooms	AveBedrms	Population	AveOccup	Latitude	Longitude	target
0	5.8521	30.0	4.9	0.9	–	2.5	32.58	−117.05	3.1198505999999977
0	7.8249	32.0	7.1	1.1	–	2.5	32.58	−117.05	4.3939625

KD-tree Explainer

```
features =['MedInc', 'HouseAge', 'AveRooms', 'AveBedrms', 'Population', 'AveOccup']
query_instances_housing = x_test[0:1]
cf_kdtree_housing = exp_kdtree_housing.generate_counterfactuals(query_instances_housing,
total_CFs=2, features_to_vary=features,desired_range=[3.0, 5.0])
cf_kdtree_housing.visualize_as_dataframe(show_only_changes=True)
```

UserConfigValidationException: No counterfactuals found for any of the query points! Kindly check your configuration.

◑ Step 4: 카운터 팩츄얼 기반 속성 중요도

로컬 중요도

카운터 팩츄얼 기반 로컬 중요도는 목표 범위를 지정한 후 얻을 수 있다. 이 분석에서는 3.0 ~ 5.0으로 설정하였다(desired_range=[3.0, 5.0]). kdtree 방법은 카운터 팩츄얼 사례를 생성하지 못하기 때문에 random과 genetic 방법을 사용한 로컬 중요도 결과는 다음과 같다.

Random Explainer의 로컬 중요도

```
query_instance = x_test[0:1]
imp_random = exp_random_housing.local_feature_importance(query_instance,
total_CFs=10, features_to_vary=features, desired_range=[3.0, 5.0])
for i in range(len(imp_random.local_importance)):
  for key in imp_random.local_importance[i]:
    print(key, ' : ', imp_random.local_importance[i][key])
```

```
100% |██████████| 1/1 [00:00<00:00, 2.44it/s]MedInc:  1.0
HouseAge:  0.3
AveOccup:  0.2
AveRooms:  0.1
AveBedrms:  0.1
Population:  0.1
Latitude:  0.0
Longitude:  0.0
```

Genetic Explainer의 로컬 중요도

```
query_instance = x_test[0:1]
imp_genetic = exp_genetic_housing.local_feature_importance(query_instance,
total_CFs=10, features_to_vary=features, desired_range=[3.0, 5.0])
for i in range(len(imp_genetic.local_importance)):
  for key in imp_genetic.local_importance[i]:
    print(key, ' : ', imp_genetic.local_importance[i][key])
```

```
100% |██████████| 1/1 [00:00<00:00, 1.52it/s]MedInc:  1.0
AveRooms:  1.0
AveBedrms:  1.0
AveOccup:  1.0
Population:  0.7
HouseAge:  0.5
Latitude:  0.0
Longitude:  0.0
```

글로벌 중요도

글로벌 중요도는 전체 검증 사례를 사용하여 얻을 수 있다. 전체 사례를 사용하여 구하는 것은 시간이 많이 걸리기 때문에 여기에서는 처음 30개의 사례를 사용하여 구해보도록 하자(query_instance = x_test[0:30]). Explainer는 random과 genetic 방법을 사용하였는데, 방법에 따라 속성의 중요도가 차이가 있는 것을 확인할 수 있다.

Random Explainer의 글로벌 중요도

```
query_instance = x_test[0:30]
global_imp_random = exp_random_housing.global_feature_importance(query_instance,
total_CFs=10, features_to_vary=features, desired_range=[3.0, 5.0])


for key, value in global_imp_random.summary_importance.items():
  print(key, ' : ', value)
```

```
100% |███████████| 30/30 [00:11<00:00, 2.53it/s]MedInc: 0.79
AveRooms: 0.18
AveBedrms: 0.17666666666666667
Population: 0.17
HouseAge: 0.15
AveOccup: 0.11
Latitude: 0.0
Longitude: 0.0
```

Genetic Explainer의 글로벌 중요도

```
query_instance = x_test[0:30]
global_imp_genetic = exp_genetic_housing.global_feature_importance(query_instance,
total_CFs=10, features_to_vary=features, desired_range=[3.0, 5.0])
for key, value in global_imp_genetic.summary_importance.items():
  print(key, ' : ', value)
```

```
100% |███████████| 30/30 [00:29<00:00,  1.01it/s]AveOccup:  1.0
AveRooms:  0.9966555183946488
MedInc:  0.9765886287625418
AveBedrms:  0.9698996655551 8395
Population:  0.8528428093645485
HouseAge:  0.5418060200668896
Latitude:  0.0
Longitude:  0.0
```

 ## 결론

이번 장에서는 머신러닝 모델에 기반을 둔 반대사실 생성 방법에 대해서 학습했다. 현재의 모델의 예측과 다른 결론을 얻기 위해 어떤 것을 조정할 수 있는지에 대한 제안을 받을 수 있다. 좀 더 정확한 제안을 받기 위해서는 충분한 데이터를 가지고 신뢰할 수 있는 모델을 구축하는 것이 필요하다. 본 장에서는 모델의 성과에 대한 부분을 고려하지 않았지만, 모델 성과가 좋지 않다면 일관된 제안을 받기가 어려울 것이다. 또한 분석하고 있는 데이터의 변수들에 대해서 정확한 이해를 하고, 변경 가능성을 기반으로 제약조건을 설정을 잘 해야 한다. 변경할 수 없는 값을 제안받는다면 반대사실 생성이 크게 의미 없을 것이다.

1. Yarandi, H., Hypothesis Testing. *Clinical Nurse Specialist*, **1996**. *10*(4): p. 186-188.

2. Crossman, A. *Definition of a Hypothesis*. 2020 [cited 2023 March 23]; Available from: https://www.thoughtco.com/definition-and-types-of-hypothesis.

3. Brownlee, J. *17 Statistical Hypothesis Tests in Python (Cheat Sheet)*. 2021 [cited 2023 03-04]; Available from: https://machinelearningmastery.com/statistical-hypothesis-tests-in-python-cheat-sheet/

4. Lehmann, E.L., J.P. Romano, and G. Casella, *Testing statistical hypotheses*. Vol. 3. 2005: Springer.

5. Zach. *How to Perform a Durbin-Watson Test in Python*. 2020 [cited 2023 March 23]; Available from: https://www.statology.org/durbin-watson-test-python/.

6. Zach. *How to Perform a Breusch-Pagan Test in Python*. 2020 [cited 2023 March 23]; Available from: https://www.statology.org/breusch-pagan-test-python/.

7. Cook, R.D. and R. Croos-Dabrera, Partial residual plots in generalized linear models. *Journal of the American Statistical Association*, **1998**. *93*(442).

8. Cook, R.D., Partial residual plots. *Technometrics* **1993**. *35*.

9. Velleman, P. and R. Welsch, Efficient Computing of Regression Diagnostics. *The American Statistician. American Statistical Association*, **1981**. *35*(4): p. 234–242.

10. Cook, R.D., Exploring Partial Residual Plots. *Technometrics*, **1993**. *35*(4): p. 351-362.

11. Montgomery, D.C., E.A. Peck, and G.G. Vining, *Introduction to linear regression analysis*. 2021: John Wiley & Sons.

12. Huszár, F. *ML beyond Curve Fitting: An Intro to Causal Inference and do-Calculus*. 2018 [cited 2023 March 24]; Available from: https://www.inference.vc/untitled/.

13. Maddala, G.S., *Limited-dependent and qualitative variables in econometrics (No. 3)*. 1983: Cambridge university press.

14. Sharma, A., E. Kiciman, and others. *DoWhy: A Python package for causal inference*. 2019;

Available from: https://github.com/microsoft/dowhy.

15. Sharma, A. and E. Kiciman, DoWhy: An End-to-End Library for Causal Inference. *arXiv preprint arXiv:2011.04216*, **2020**.

16. Blobaum, P., P. Gotz, K. Budhathoki, A.A. Mastakouri, and D. Janzing, DoWhy-GCM: An extension of DoWhy for causal inference in graphical causal models. *arXiv preprint arXiv:2206.06821*, **2022**.

17. Antonio, N., A. de Almeida, and L. Nunes, Big data in hotel revenue management: Exploring cancellation drivers to gain insights into booking cancellation behavior. *Cornell Hospitality Quarterly*, **2019**. *60*(4): p. 298-319.

18. Glymour, C., K. Zhang, and P. Spirtes, Review of causal discovery methods based on graphical models. *Frontiers in genetics*, **2019**. *10*: p. 524.

19. Nogueira, A.R., A. Pugnana, S. Ruggieri, D. Pedreschi, and J. Gama, Methods and tools for causal discovery and causal inference. *Wiley interdisciplinary reviews: data mining and knowledge discovery*, **2022**. *12*(2): p. e1449.

20. Shimizu, S., LiNGAM: Non-Gaussian methods for estimating causal structures. *Behaviormetrika*, **2014**. *41*: p. 65-98.

21. Shimizu, S., T. Inazumi, Y. Sogawa, A. Hyvarinen, Y. Kawahara, T. Washio, P.O. Hoyer, K. Bollen, and P. Hoyer, DirectLiNGAM: A direct method for learning a linear non-Gaussian structural equation model. *Journal of Machine Learning Research-JMLR*, **2011**. *12*(Apr): p. 1225-1248.

22. Brodersen, K.H., F. Gallusser, J. Koehler, N. Remy, and S.L. Scott, Inferring causal impact using Bayesian structural time-series models. *The Annals of Applied Statistics*, **2015**: p. 247-274.

23. Pawelczyk, M., S. Bielawski, J.v.d. Heuvel, T. Richter, and G. Kasneci, Carla: a python library to benchmark algorithmic recourse and counterfactual explanation algorithms. *arXiv preprint arXiv:2108.00783*, **2021**.

24. Verma, S., V. Boonsanong, M. Hoang, K.E. Hines, J.P. Dickerson, and C. Shah, Counterfactual Explanations and Algorithmic Recourses for Machine Learning: A Review. *arXiv preprint arXiv:2010.10596*, **2020**.

25. Guidotti, R., Counterfactual explanations and how to find them: literature review and benchmarking. *Data Mining and Knowledge Discovery*, **2022**: p. 1-55.

26. Mothilal, R.K., A. Sharma, and C. Tan. Explaining machine learning classifiers through diverse counterfactual explanations. in the Proceedings of the *Proceedings of the 2020 conference on fairness, accountability, and transparency*. 2020.

색인

저자소개

◐ **김양석**
계명대학교

◐ **노미진**
계명대학교

◐ **한무명초**
동국대학교 WISE 캠퍼스

머신러닝 인과 분석: 파이썬을 활용한 분석실무

초판발행   2023년 8월 30일

지은이   김양석·노미진·한무명초
펴낸이   안종만·안상준

편 집   탁종민
기획/마케팅   장규식
표지디자인   BEN STORY
제 작   고철민·조영환

펴낸곳   (주) 박영사
               서울특별시 금천구 가산디지털2로 53, 210호(가산동, 한라시그마밸리)
               등록 1959.3.11. 제300-1959-1호(倫)
전 화   02)733-6771
f a x   02)736-4818
e-mail   pys@pybook.co.kr
homepage   www.pybook.co.kr
ISBN   979-11-303-1818-9   93000

정 가   19,000원